Desarrolla tu Poder Personal y autoestima

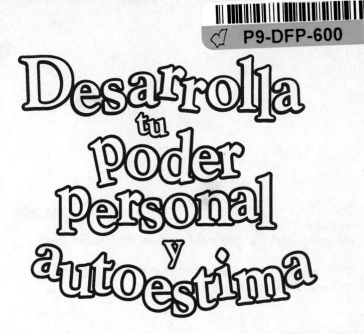

¡Defiéndete!

Lev Raphael Gershen Kaufman

Editorial
PAX MÉXICO

Título de la obra en inglés:
Stick up for Yourself.
Every Kid's Guide to Personal Power and Positive Self-steem

© Copyright 1990 by Gershen Kaufman and Lev Raphael
Publicado por Free Spirit Publishing Inc.

COORDINACIÓN EDITORIAL: Gilda Moreno Manzur
ILUSTRACIONES: Ezequiel Ramos Aparicio

© 1993 Editorial Pax México,
       Librería Carlos Césarman, S.A.
       Av. Cuauhtémoc 1430
       Col. Sta. Cruz Atoyac
       México, D.F. 03310
       Tel.: 5605 · 7677
       Fax: 5605 · 7600
       e-mail: editorialpax@mexis.com

Sexta reimpresión
ISBN 968-860-226-4
Reservados todos los derechos
Impreso en Colombia/*Printed in Colombia*

Dedicatoria

A David y Aaron, Deborah y Joshua,
Nicky, Emma y Jonah

A los padres y maestros

Este libro se basa en un programa desarrollado original-
mente para adultos y que actualmente se imparte como cur-
so en el departamento de Psicología de la Universidad del
Estado de Michigan.

Nosotros creemos que el poder personal y la autoestima son habilidades que pueden aprenderse. Y que éstas deben enseñarse a los niños junto con la lectoescritura y las
matemáticas.

Esperamos que los principios y las herramientas que
aquí presentamos algún día formen parte regular del programa de estudio; que todos los niños tengan oportunidad
de aprender a defenderse en maneras saludables y significa-
tivas. Escribimos *¡Defiéndete!* para utilizarlo en el salón de
clases y en el ámbito familiar. Por favor escríbanos y díganos
si fue útil para usted y los niños a su cargo.

Índice

Introducción

═══

Pedro la está pasando mal en la escuela porque constantemente los demás niños se burlan de él. Él intenta ignorarlos, pero ellos simplemente no lo dejan. Algunas veces tiene ganas de golpearlos... o de alejarse corriendo y no regresar.

Esa noche se lo cuenta a su mamá. "Odio la escuela", le dice. "Todos los niños se burlan de mí. No quisiera regresar."

"Sabes que no puedes dejar de ir a la escuela", le contesta su mamá. "Lo que necesitas es defenderte."

═══

Los padres de Teresa la culpan por todo. La noche anterior su hermanito rompió un plato ¡y ella fue la regañada! "Si hubieras levantado los platos como debías..." "Si lo hubieras estado vigilando..." "Si pusieras más atención..." Etcétera, etcétera. ¡Esto la enferma!

Más tarde, Teresa llama por teléfono a su mejor amiga y le cuenta lo sucedido. "Me echan la culpa por cosas que yo no hago", le dice.

Su amiga le contesta: "Los padres son verdaderamente injustos en ocasiones. Lo que tienes que hacer es defenderte".

═══

El encargado de la sala de estudio no es justo con Saúl. Él conoce la regla de no hablar en ésta. Cuando realizaba sus ejercicios de matemáticas, sin haber hecho nada, Raymundo lo golpeó por debajo de la mesa. Todo lo que Saúl dijo fue, "¡Oye! ¡Déjame en paz! De inmediato, el encargado le ordena que se quede después de terminado el horario de clases. Saúl intenta explicarle lo que pasó, pero el encargado no lo escucha y Raymundo se queda sentado haciéndole gestos.

A la hora de la cena, le cuenta todo a su familia.

"Rompiste una regla", le dice su papá. "Pero parece que no lo hiciste a propósito. Lo que necesitas es defenderte."

▬▬▬▬

Mucha gente acostumbra decir que te defiendas pero casi nadie define la forma de hacerlo. Este libro te ayudará a encontrarla.

Qué significa defenderte

Cuando la mamá de Pedro le dice que se defienda, ¿qué quiere decir? ¿Deberá él contestar con burlas a los demás niños? ¿Debe decírselo a la maestra?

Cuando la amiga de Teresa le dice que se defienda, ¿qué quiere decir? ¿Debe discutir con sus papás? ¿Debe pegarle a su hermanito por meterla en problemas nuevamente? ¿Debe ir a su habitación y azotar la puerta?

Y cuando el papá de Saúl le dice que se defienda, ¿qué quiere decir? ¿Debe contestar agresivamente al encargado? ¿Debe patear a Raymundo para que confiese la verdad? ¿Debe acudir al director y quejarse del encargado?

Muchos niños sienten confusión al no saber qué es *defenderse* y hacen todo lo contrario de lo que realmente significa.

- No significa tratar de vengarse de alguien.
- Tampoco comportarse en forma dominante o agresiva con la gente.
- Ni decir y hacer cosas sin pensar.

Esto es lo que realmente significa defenderse:

- Ser honesto contigo mismo.
- Intentar hablar o abogar por ti, en el momento adecuado, aunque algunas veces no lo sea.
- Pensar que siempre habrá alguien de tu lado: ¡tú mismo!

Lo que necesitas para defenderte

Por ejemplo, para pintar un cuadro necesitas varias cosas: pintura, un pincel, y algo en qué pintar. Como también para correr necesitas tus pies, ropa cómoda y algún sitio adecuado.

Para defenderte necesitarás lo siguiente: *poder personal y autoestima.*

Este libro te muestra cómo obtener poder personal. Para lograrlo es importante llegar a conocerte. Si no sabes quién eres, *no podrás defenderte.*

También te indica cómo obtener autoestima. En este caso, lo fundamental para alcanzarla es que te aceptes. *Sólo así podrás defenderte.*

Cómo hacer que este libro te resulte útil

¿Conoces la historia de Alicia en el país de las maravillas? Entonces, quizá recuerdes "Bébeme" y "Cómeme". Cuando Alicia tomaba un trago de Bébeme, INSTANTÁNEAMENTE reducía de tamaño y cuando comía un bocado de Cómeme, INSTANTÁNEAMENTE crecía.

Este libro no se parece a Bébeme o Cómeme; leerlo no hará que INSTANTÁNEAMENTE puedas defenderte. Aprender a hacerlo requiere tiempo y trabajo. Y, sobre todo, *el deseo de cambiar.*

Nosotros creemos que tú puedes aprender a defenderte y por eso escribimos este libro para ti. En él hay diversas ideas que usualmente no se encuentran en libros para niños, pero que estamos seguros que los niños pueden entender y utilizar.

Las siguientes sugerencias pueden ayudar para que este libro te resulte útil e interesante:

- No te limites a leerlo como pasatiempo, ¡hazlo con deseos de aprender! En él encontrarás muchas secciones tituladas "para ti en lo personal", en las que se te hacen preguntas respecto a ti y a tu vida: contéstalas y aprenderás mucho sobre ti mismo.

- Utiliza un cuaderno o tu diario personal para escribir tus respuestas a las secciones "para ti en lo personal". También, para anotar otros pensamientos que se te ocurran al leerlo. Además, puedes escribir historias de tu propia vida que se parezcan a las que leas aquí.

- Si te sientes cómodo, comparte este libro con un adulto en quien confíes y con quien quieras hablar.

Finalmente, haznos saber qué resultados obtuviste con este libro. Escríbenos y dinos si te ayuda a defenderte. Y también si no lo hace. Puedes escribirnos a:

Free Spirit Publishing Inc.
400 First Avenue North, Suite 616
Minneapolis, MN 35401

¡Realmente queremos tener noticias tuyas!

Nuestros mejores deseos,

Gershen Kaufman
y Lev Raphael
Primavera de 1990

CÓMO OBTENER Y UTILIZAR EL PODER PERSONAL

¿Qué es lo que piensas al escuchar las palabras "poder personal"? ¿Crees que signifiquen
   a) ser más fuerte que todos los demás?
   b) ser más listo que todos los demás?
   c) hacer que otras personas hagan lo que tú quieres?
   d) tener más dinero que los demás?
   d) ser famoso, como una estrella de rock, de cine o un atleta?

Al utilizar las palabras "poder personal", no queremos decir ninguna de estas cosas. Creemos que el poder personal significa *tener seguridad y confianza en ti mismo*.

En otras palabras, cualquier persona puede tener poder personal. No importa que seas "solamente un niño". Tú puedes aprender a obtenerlo y la manera de utilizarlo. Sin tomar en cuenta cómo te sientas interiormente ahora mismo, puedes aprender a sentirte seguro y confiado.

Necesitarás tiempo y práctica; tal vez valor para realizar algunos cambios en tu vida. ¡Pero puedes hacerlo!

Así como el año tiene cuatro estaciones, el poder personal también tiene cuatro partes importantes, que son:

1. ser responsable,
2. aprender a elegir
3. llegar a conocerte, y
4. obtener y utilizar el poder personal en tus relaciones y en tu vida.

SER RESPONSABLE

Hecho:
Tú debes ser responsable por el tipo de persona que eres y la manera en que vives tu vida.

Tal vez no creas que así sea, si los adultos siempre están diciéndote qué hacer.

Muchos niños dudan sobre esto. Confunden "ser responsable" con "estar a cargo" o "ser el jefe" de otras personas y cosas.

Rebeca está cuidando a su hermanito Roberto mientras sus padres visitan a unos amigos. Roberto quiere ver su programa favorito en la televisión y Rebeca, el suyo. Entonces, Rebeca dice: "Mamá y papá dijeron que yo era responsable. Tienes que hacer lo que yo diga". Utiliza las palabras "ser responsable" como una excusa para salirse con la suya.

Tampoco se debe considerar como ser responsable tener la decisión correcta y definitiva sobre todo lo que te sucede.

Hay muchas cosas en las que no puedes influir. Como en el clima. El sitio donde vive tu familia. La escuela a la que asistes. La cantidad de tarea que te deja tu maestra. Si alguien decide ser tu amigo o no. Y la manera en que otras personas se comportan o sienten.

Tú debes ser responsable de *tu propia conducta* y *tus propios sentimientos.*

Responsable de tu conducta

Carlos y Javier están jugando con unos carros de carreras en la pista de Carlos. El carro de Javier es siempre el ganador y a Carlos no le gusta. ¡Es su pista y él debería ganar! De pronto, Carlos extiende el brazo, toma el carro de Javier y lo arroja contra el piso.

"¡Oye!", le dice Javier. "¿Por qué hiciste eso?" "No lo habría hecho si no hubieras ganado todo el tiempo", contesta Carlos. "Tú me obligaste a hacerlo."

Silvia desea ir a casa de su amiga Laura a jugar.
"¿Terminaste de arreglar tu cuarto?", le pregunta su mamá. "Lo haré más tarde", promete Silvia.
"Por favor hazlo ahora", le dice su mamá. "Cuando termines podrás jugar con Laura."
Silvia se enoja con su mamá. Su disgusto es tal que tira su juguete favorito al otro lado del cuarto. ¡Éste se rompe! Llorando, recoge los pedazos y se los muestra a su mamá. "¡Mira lo que me obligaste a hacer!", le dice sollozando.

En determinados momentos las personas hacen o dicen cosas que no nos gustan. Tal vez nos enojemos o nos sintamos frustrados. Quizá desearíamos hacer algo para vengarnos de ellos. Y también podríamos pensar que lo que hacemos es por su culpa.

Nosotros somos responsables únicamente de nuestra propia conducta. Javier no "hizo" nada para que Carlos arrojara su carro. Tampoco la mamá de Silvia para que ésta rompiera su juguete favorito. Carlos y Silvia necesitan asumir la responsabilidad de su propia conducta.

━━━━━

Mario y Rodrigo no deben ir a la tienda solos. Sus padres piensan que aún están chicos y les han dicho que no lo hagan.

Un día, Rodrigo convence a Mario de ir con él a la tienda para comprar dulces. "No te portes como bebé, mamá y papá nunca lo sabrán", le dice. Sin embargo, sus padres se enteraron. "¿Por qué fueron si sabían que no lo debían hacer?", preguntan a los niños.

"Fue idea de Rodrigo", dice Mario. "Él me convenció de hacerlo."

━━━━━

Algunas veces dejamos que otras personas nos convenzan de hacer cosas que sabemos no deberíamos hacer. Pensamos que esto nos libera de la responsabilidad de nuestros actos. Pero Rodrigo no "obligó" a Mario para que desobedeciera a sus padres y fuera a la tienda; Mario debe asumir la responsabilidad de su propia conducta.

━━━━━

"¡Mamá-a-a!", grita Sandra. "¡Ramiro se comió la última galleta!"

"Sabías que debías guardarla para Sandra", regaña la mamá a Ramiro.
"¡Pero yo no lo hice a propósito!", contesta Ramiro.

En ciertas ocasiones hacemos cosas simplemente porque queremos. No pensamos en qué sucederá después o cómo pueda sentirse alguien. Pero decir "No lo hice a propósito", no borra lo que hicimos. Ramiro necesita responder por su propia conducta.

Los niños no son los únicos que se confunden con esto. También hay muchos adultos que no asumen la responsabilidad por su comportamiento. Tal vez hayas escuchado a algunas personas decir cosas como: "Siento haberte golpeado, pero me haces enojar tanto que no puedo evitarlo". "Estoy de mal humor por tu culpa, por discutir conmigo".

También pueden inventar excusas como: "No quise faltar a tu fiesta de cumpleaños pero tuve una junta muy importante en el trabajo".

Los adultos pueden hacer uso de palabras más complicadas que los niños, pero que en realidad significan lo mismo: "¡No soy responsable!". Ahora sabes que no es verdad; por eso, la próxima vez que un adulto te diga, "¡Tú me obligaste a hacerlo!" puedes decirte a ti mismo: "Yo no obligué a esa persona a que lo hiciera. Soy responsable únicamente de mi propia conducta". *Ésta es una forma de defenderte.*

Cuando *sabemos* que en realidad *somos responsables de nuestra propia conducta,* podemos tomar algunas decisiones importantes para nosotros mismos.

- hablar con la verdad y no exagerar las cosas ni inventar nada.
- ser el tipo de persona con la que otros puedan contar.
- dejar quietas las manos, aunque nos enojemos y tengamos ganas de pegarle a alguien.
- hacer nuestra tarea y nuestras obligaciones en la casa sin necesidad de que se nos regañe o recuerde.

Ser responsable, generalmente, hace que sucedan cosas buenas en la escuela y en el hogar. Cuanto más responsables seamos, más personas confiarán en nosotros y más privilegios obtendremos.

Debes tener en cuenta que ésta no es la principal razón para comenzar a ser responsable. La principal es que sea lo mejor para ti. Que te ayude a sentir confianza y seguridad en ti mismo y te dé la sensación de poder personal.

Hay algo más que debes saber: *ser responsable* no significa *ser perfecto.* Podrás seguir cometiendo errores o haciendo cosas que no debes. ¿Y qué? Todo el mundo lo hace. ¡Nadie es perfecto!

Responsable de tus sentimientos

Nadie puede "obligarte" a arrojar contra el piso el carro de un amigo, romper tu juguete favorito o desobedecer a tus padres. De la misma manera, nadie puede obligarte a ser feliz o infeliz, tampoco a sentirte animado o enojado, aburrido o curioso o de ninguna otra forma. *Tú eres responsable de tus propios sentimientos.*

Por las cosas que otras personas dicen o hacen, pueden "alterar" nuestros sentimientos.

"¿Guardaste tu bicicleta al llegar a casa?", pregunta su papá a David.

"Todavía no", contesta David, distraído, pues está ocupado colocando el tren de aterrizaje a su avión a escala.

"¡Nunca lo haces cuando debes!", grita su papá. "¡Quiero que lo hagas ahora!"

De pronto, David se siente herido y enojado. ¡Su papá es tan malo e injusto! ¿Por qué tiene que gritar? ¡Parece que le gusta gritar! ¡Siempre recrimina a David por no hacer sus tareas a tiempo! Las palabras y los gritos de su papá le causan dolor y enojo.

Pero quizá David siempre necesite que se le recuerden sus tareas. Tal vez tiene el hábito de hacer otras cosas antes.

Por ello, cuando dice "Todavía no", provoca frustración y enojo en su papá.

Podemos aprender a ignorar este tipo de cosas y decidir por nosotros mismos cómo queremos sentirnos.

APRENDE A ELEGIR

Hecho:
Si consideras que eres responsable
de tu conducta y sentimientos,
ya *puedes ser capaz de elegir.*

Tú puedes elegir cómo comportarte, no arrojar contra el piso el carro de un amigo, no romper un juguete ni desobedecer a tus padres, aun cuando tengas ganas de hacerlo. Aunque el sentimiento te parezca incómodo o irresistible.

Normalmente nuestras acciones están relacionadas con nuestros sentimientos. Golpeamos a alguien porque nos sentimos enojados. Pateamos la pared porque nos sentimos frustrados o lloramos porque nos sentimos tristes.

Tú puedes elegir qué tan enojado, frustrado o triste te sientas, incluso tener diferentes sentimientos.

Sara estudió mucho para obtener un excelente resultado en su prueba de ortografía. Pero, aun así tuvo seis puntos malos. Su maestra escribió, con la mejor intención, en la parte superior de la prueba, con letras grandes y rojas: "¡Puedes hacerlo mejor!".

Sara tiene varias opciones sobre cómo sentirse. Puede sentir enojo hacia su maestra por no considerar cuánto estudió ella. O, simplemente enojo hacia sí misma, por no conseguir un mejor resultado en la prueba. Puede pensar: "Si fuera más lista no tendría tantos puntos malos. Debo ser bastante estúpida". O bien, "Hice mi mejor esfuerzo en esta prueba, y creo que fue lo *suficientemente bueno*".

Luis llega emocionado a casa a contar a su mamá qué había sucedido en la escuela durante el día. Su equipo ganó el partido de vólibol... se divirtió mucho en la lección de la banda escolar... terminó su tarea en el periodo de estudio... ¡Todo resultó de maravilla! Pero al entrar corriendo, encuentra a su mamá hablando por teléfono y ella le indica que guarde silencio hasta que termine de hablar.

En el caso de Luis, puede sentirse rechazado. Puede pensar: "Si yo fuera más importante que la persona con la que habla, mi mamá colgaría de inmediato y me prestaría atención". O bien: "Probablemente no esté al teléfono por mucho tiempo. Puedo esperar y leer un libro para que el tiempo se vaya más rápido".

===

Carlos ama a su gato. Él lo ha educado desde que era pequeñito. El gato duerme en su cama durante la noche y acostumbra acompañarlo al autobús escolar todos los días.

Pero un día, el gato se enferma y el papá de Carlos lo lleva al veterinario quien, después de revisarlo, no cree que el gato se recupere.

===

Es normal sentir tristeza y dolor en momentos como éstos. Cuando alguien o algo que amamos va a morir o es separado de nosotros, nos sentimos solos y atemorizados.

Aun así, Carlos tiene opciones. Puede elegir sentirse triste y preocupado sin que nadie se entere. O compartir sus sentimientos con su papá para hablar de su gato y de por qué significa tanto para él. Esto quizá no lo haga sentir feliz; pero probablemente sí menos triste o preocupado. Recuerda que ayuda contar con alguien que escuche y comprenda nuestros sentimientos.

Tú puedes elegir cómo manejar lo que la vida te da. También, *cómo enfrentarás los problemas de ella.* Esto parece difícil para alguien que es "sólo un chiquillo". Pero creemos que todos podemos aprender a hacerlo.

Expectativas y realidad

Una parte importante de lo que elijamos es aprender a hacer elecciones sabias. Esto se inicia con la decisión de qué esperamos que suceda como resultado de nuestra elección, y si nuestras expectativas son *realistas*.

En otras palabras, ¿qué esperamos que suceda debido a nuestra elección? ¿Qué posibilidades hay de que suceda? Si son buenas, nuestra elección es realista; si no lo son, nuestra elección no es realista.

━━━

Cristóbal acaba de inscribirse en un equipo para jugar básquetbol después del horario escolar. Planea practicar todos los días y no fallar a un solo juego. Espera que al terminar el año será absolutamente el mejor jugador de básquetbol de la escuela, ¡tal vez de toda la liga!

━━━

El deseo de Cristóbal de jugar baloncesto es sensacional. También que planee practicar y asistir a todos los juegos. Pero esperar a ser, absolutamente, el mejor jugador de este deporte no es realista.

Quizá llegue a ser un buen jugador, incluso excelente. Pero esto depende de cuánto practique y de si tiene talento para el deporte. Entonces ¿será absolutamente el mejor jugador de baloncesto? Las probabilidades no son muchas, pues debe considerar que sólo puede haber uno que llegue a ser el mejor entre tantos niños que forman parte de la liga.

Vivimos en una sociedad que valora el éxito casi más que cualquier otra cosa. En ella es importante ser el mejor,

el más fuerte, el más rápido, el más rico, el más popular, la estrella más grande. Pero esto no es lo único que significa el poder personal. También es *realizar nuestro mejor esfuerzo personal para las cosas que creemos importantes.* Asimismo, sentirnos satisfechos aunque nuestro mejor esfuerzo no haya sido El mejor.

¿Cuáles son las expectativas realistas que Cristóbal debe tener? En primer lugar, aprender mucho sobre básquetbol: cómo driblar, encestar bien, jugar diferentes posiciones y dedicar tiempo para perfeccionar nuevas habilidades. En segundo lugar, divertirse al jugar y hacer nuevos amigos en el equipo. Finalmente, algo muy importante que no debe perder de vista es que va a cometer errores y no pensar en ser perfecto. Todas éstas son expectativas realistas.

━━━

La familia de Tatiana acaba de mudarse a una nueva ciudad y éste es su primer día en su nueva escuela. Al principio se siente nerviosa y temerosa. ¿Y si no le cae bien a los demás niños? ¿Y si se pierde o hace algo tonto? ¿Y si no se integra al grupo?

Al finalizar el día se siente mucho mejor. Otra niña llamada Sonia se mostró amistosa con ella todo el día. Le enseñó dónde estaba la cafetería y en el recreo, la invitó a jugar con ella.

Esa noche, a la hora de la cena, Tatiana cuenta a su familia cómo le fue. "¡Me gusta mucho mi nueva escuela!", les dice. "Una niña, Sonia, fue muy amable conmigo. ¡Creo que será mi mejor amiga!"

━━━

Es muy bueno que Tatiana se sienta emocionada por estar en su nueva escuela. También que quiera ser amiga de Sonia. Pero, si espera que ésta se convierta en su mejor amiga su expectativa no sería realista.

Quizá Sonia tiene ya una "mejor amiga". Tal vez, después de todo, ella y Tatiana no tengan tanto en común o quizá sí, y terminen por ser buenas amigas.

¿Quién lo sabe? Ahora es muy pronto para decidirlo.

Casi todos tenemos dificultades para ser realistas en nuestras relaciones. Esto incluye a los adultos. Esperamos que la gente se interese por nosotros sólo porque nos interesamos en ellos. No olvidemos que no podemos controlar sus sentimientos y su comportamiento.

¿Cuáles son las expectativas realistas que Tatiana puede tener? Puede esperar hacer buenos amigos en su nueva escuela. Si es amistosa, quizás otras niñas puedan ser sus amigas.

Tal vez *necesite tiempo* para decidir qué niños le caen bien y a quiénes respeta. También a ellos les *tomará tiempo* decidir si ella les cae bien y la respetan, incluso uno o más de ellos quiera ser un amigo cercano, ¡quizás acaso su mejor amigo!

Todas éstas son expectativas realistas.

CONÓCETE A TI MISMO

Julia hace un gran esfuerzo por pertenecer al grupo popular de la escuela. Le gustan las mismas cosas que a ellos. Odia las mismas cosas que ellos. Insiste en que sus padres le compren la misma ropa. Gasta su dinero en la misma música. Se peina de la misma forma y utiliza el mismo lenguaje. ¡Y así sucesivamente! Es difícil mantener el ritmo. Algunas veces, quisiera ser simplemente ella misma.

Marcos desea ardientemente jugar fútbol. Le gusta ver los juegos en la televisión; una y otra vez, se imagina que en verdad se convierte en jugador de balompié. Se siente muy estimulado por esto y piensa que sería bueno. Llegar a ser jugador de fútbol es el gran sueño de Marcos.

Pero, al llegar el momento de inscribirse en los equipos su papá le da una gran sorpresa. "Voy a ser entrenador de un equipo de sóftbol este año y tú formarás parte de él. ¡Nos divertiremos en grande!"

Marcos duda en tomar una decisión. Finalmente, decide hacer lo que le dicen. Comienza a jugar sóftbol en lugar de balompié.

Quizá conozcas personas como Julia y Marcos. Tal vez pienses: "¡Deberían defenderse!" Y tienes razón.

Si te esfuerzas demasiado en complacer a otras personas, te resultará difícil llegar a conocerte, lo cual impedirá que te defiendas. Pero puedes hacer un cambio y comenzar a *llamar por su nombre y hacer valer* tus sentimientos, sueños futuros y necesidades.

Llama a tus sentimientos por su nombre

Cuando estabas aprendiendo a hablar solamente conocías unas cuantas palabras y sonidos para poder comunicarte. Por tanto, tenías que usar uno de ellos para nombrar algunas cosas.

Quizá decías "uah-uah" cuando querías agua, leche, jugo y todas las demás cosas que te gustaba beber. Y cuando lo decías, tu mamá tenía que adivinar lo que querías.

Más tarde, al aprender más palabras, pudiste ser más específico. Podías decir "leche" y "jugo" cuando realmente querías eso. A partir de ahí, aprendiste a decir "jugo de manzana" y "jugo de naranja". Hiciste un importante descubrimiento: cuantos más *nombres* de cosas conocías, más se te facilitaba todo.

Los sentimientos tienen sus propios nombres. Cuantos más nombres conozcas, más podrás entender tus sentimientos y expresárselos a otras personas. Y, más podrás defenderte.

Los nombres son como "asas" de nuestros sentimientos. Saber el nombre adecuado para un sentimiento nos permite "tomarlo", aprender sobre él y hacer la decisión correcta.

Llamar a los sentimientos por sus nombres adecuados aumenta tu poder personal. En cambio, hacerlo en una forma inadecuada lo reduce.

═══════

Carla está acostada en la cama con una almohada sobre la cabeza. Tuvo un día terrible en la escuela. Su mejor amiga se portó muy mal con ella; su maestra la regañó por no prestar atención.

Su papá entra al cuarto y la ve acostada. "¿Pasa algo malo?", le pregunta. "¿Quieres hablar sobre ello?"

"No", suspira Carla. "Ahora me siento deprimida."

"Eso es una tontería", responde su papá. "Las niñas de diez años no se deprimen. Quizás estés cansada."

═══════

Si Carla acepta lo que su papá dice, tal vez aprenda a llamar a su sentimiento en una forma inadecuada. Cuando se sienta deprimida, pensará o dirá: "Estoy cansada". Perderá el "asa" de su sentimiento.

═══════

Jerónimo tiene problemas con su hermana, María. Al parecer, su mamá sólo piensa en ella. María tiene que ir a su clase de patinaje. También va a participar en la obra de teatro escolar. Y, por si fuera poco, siempre obtiene excelentes calificaciones. ¡María acapara toda la atención!

Su mamá se da cuenta que algo extraño sucede con Jerónimo. "¿Qué te pasa últimamente?", le pregunta un día. "Parece que la única persona que te interesa es María", contesta él. "Creo que estoy celoso."

"No es bueno tener celos", le dice su mamá. "Los celos son un sentimiento malo."

═══════

Si Jerónimo acepta lo que su mamá dice, quizá sienta vergüenza de sus celos. Y, en consecuencia, empiece a negarlos o a desterrarlos de su mente.

Los sentimientos no son "inadecuados" o "adecuados", "buenos" o "malos". *Los sentimientos simplemente existen.* Entenderlos te permitirá expresarlos. Si crees que sientes depresión y celos, eso es lo que sientes. Nadie puede "hacerte" sentir otra cosa. Nadie sabe más de tus sentimientos que tú mismo.

Aprende el nombre de sentimientos importantes

¿Qué tan bueno eres para llamar a tus sentimientos por su nombre? ¿Te resulta fácil o difícil encontrar las palabras adecuadas para describir cómo te sientes?

Puedes aprender el nombre de sentimientos escuchando a otras personas hablar de los suyos, pidiéndoles que te ayuden a explicar los tuyos y leyendo acerca de ellos, como lo haces ahora.

El doctor Silvan Tomkins es un psicólogo que ha dedicado un buen tiempo a estudiar los sentimientos de la gente. Él cree que la mayoría de los sentimientos pueden agruparse en ocho tipos básicos. Cada tipo incluye un sentimiento de *baja intensidad* y uno de *alta intensidad*; obviamente, el sentimiento de alta intensidad es más fuerte.

Éstos son los ocho tipos básicos de sentimientos que el doctor Tomkins nombró:

Baja intensidad	Alta intensidad
1. Atracción	Emoción
2. Satisfacción	Alegría
3. Sorpresa	Sobresalto
4. Aflicción	Angustia
5. Temor	Terror
6. Enojo	Cólera
7. Vergüenza	Humillación
8. Desprecio	Asco

Atracción

Cuando sientes *atracción* por algo, tienes curiosidad, le prestas atención, e incluso te concentras en ello. Las cosas por las que puedes sentir atracción son:

- un buen libro
- una conversación escuchada por casualidad
- un juego de vídeo
- un programa de TV
- aprender algo nuevo en la escuela

PARA TI EN LO PERSONAL

Nombra al menos cinco cosas
que te atraigan.

Atracción = curiosidad, fascinación, intriga
Atracción ≠ aburrimiento, distracción

Emoción

Cuando sientes *emoción* por algo, quizá no puedas pensar en nada más. Las cosas que te hacen sentir emoción:

- salir de vacaciones
- hacer un nuevo amigo
- pensar en el día de tu cumpleaños
- encontrar la tarjeta que necesitabas para completar tu colección

---

PARA TI EN LO PERSONAL

Nombra al menos cinco cosas que te emocionen.

Emoción = ilusión, felicidad, animación
Emoción ≠ somnolencia, estar apagado, desánimo, tedio

Satisfacción

Cuando sientes *satisfacción* sonríes y te sientes bien. Los momentos en los que puedes sentir satisfacción son cuando:

- juegas en paz con un amigo
- tu mamá te lee algo antes de dormir
- acaricias a tu perro o gato
- te relajas con tu pasatiempo favorito

Nombra al menos cinco cosas
que te hagan sentir satisfacción.

Satisfacción = complacencia, relajación, contento
Satisfacción ≠ tensión, agotamiento

Alegría

Cuando sientes *alegría*, es como si todo tu cuerpo estuviera
lleno de felicidad. Sientes burbujas en tu interior y el mundo
te parece un sitio maravilloso. Los momentos en que puedes sentir alegría son cuando:
- festejas tu cumpleaños y recibes todos los regalos
  que esperabas
- ganas el primer lugar en el torneo de ajedrez
- viajas en avión a visitar a tus abuelos
- finalmente, alguien que te gusta mucho se da cuenta
  de que existes

PARA TI EN LO PERSONAL

Escribe sobre un momento en
el que sentiste alegría.

Alegría = regocijo, éxtasis, júbilo, felicidad, "andar en las nubes"
Alegría ≠ infelicidad, decaimiento, depresión, tristeza, soledad

Sorpresa

Cuando sientes *sorpresa*, quizás en principio no sepas qué hacer. Sentir sorpresa es experimentar algo que no esperabas. Las cosas que te pueden hacer sentir sorpresa son:

- recibir una carta de un amigo que se mudó hace mucho tiempo
- enterarte de que tu maestra fue compañera de escuela de tu mamá
- la primera nevada o la primera lluvia torrencial de la temporada
- recibir un regalo inesperado
- un cumplido

PARA TI EN LO PERSONAL

Escribe sobre un momento en
el que hayas sentido sorpresa.

Sentir sorpresa = sentirse pasmado, maravillado, impresionado
Sorpresa ≠ aburrimiento, hastío, indiferencia

Sobresalto

Cuando algo te *asusta*, como un CHOQUE repentino cerca de ti, tu primera respuesta es el sobresalto. Las cosas que te pueden sobresaltar son:

- que alguien escondido tras un árbol de pronto salte hacia ti
- que cuando vas corriendo no te puedas detener y metas los pies en un hoyo lodoso
- sentarte en una silla y descubrir ¡demasiado tarde! que está sucia
- que un perro de pronto ladre justo detrás de ti

PARA TI EN LO PERSONAL

Escribe sobre una ocasión en
la que hayas sentido sobresalto.

Sobresalto = sacudimiento, impacto, alarma
Sobresalto ≠ sosiego, calma, tranquilidad, paz

Aflicción

Cuando sientes *aflicción* por algo, te sientes triste y algunas veces lloras. Las cosas que te pueden afligir son:

- oír a tus padres discutir
- que tu mejor amigo se mude a otra ciudad
- enterarte de que alguien a quien quieres está muy enfermo
- ser castigado injustamente

═══════

PARA TI EN LO PERSONAL

Escribe sobre alguna ocasión en
la que hayas sentido aflicción.

═══════

Aflicción = congoja, tristeza, llanto, sollozo
Aflicción ≠ alivio, consuelo, optimismo

Angustia

Cuando sientes *angustia* por algo, experimentas una pena
muy grande. "Angustia" es similar a "agonía", "sentirse mi-
serable", "sufrimiento" y "desesperación". ¡Es un sentimiento fuerte y doloroso! Las cosas que te pueden hacer
sentir angustia son:

- la muerte de alguien a quien ames
- saber que algo que hiciste ha herido considerable-
  mente a otra persona
- creer que acabas de perder a tu mejor amigo
- un divorcio entre familiares cercanos

═══════

PARA TI EN LO PERSONAL

Escribe sobre alguna ocasión en la
que hayas sentido angustia. Anota
lo que sucedió y lo que hiciste.
¿Has hablado con alguien de esto?

Piensa en decírselo a un adulto,
alguien en quien confíes y con
quien puedas hablar.

───

Sentir angustia = sufrir, estar atormentado, sentir dolor, tor-
turarse
Sentir angustia ≠ sentirse tranquilo, seguro, calmado

Temor

Cuando sientes *temor*, estás preocupado y tienes miedo.
Piensas que algo está por suceder o que alguien te dirá algo
para amenazarte. Las cosas que te pueden hacer sentir temor son:

- quedarte solo en la casa
- tu primer día en una nueva escuela
- pensar en la próxima prueba de matemáticas
- enterarte de que se acerca una gran tormenta
- ser amenazado por alguien

───

PARA TI EN LO PERSONAL

Nombra al menos cinco cosas que
te hacen sentir temor.

───

Temor = miedo, susto, preocupación, nerviosismo
Temor ≠ confianza, valor, audacia, esperanza

Terror

Cuando sientes *terror* significa que estás *muy* asustado. Tal vez te sientas paralizado por el miedo, como si no pudieras moverte, ni siquiera para pedir ayuda. Las cosas que te pueden hacer sentir terror son:
- una pesadilla verdaderamente impresionante
- perderte o separarte de tu familia en un lugar extraño
- viajar en un auto que está a punto de chocar
- estar en medio de un desastre, como un huracán o un temblor de tierra

PARA TI EN LO PERSONAL

Escribe sobre algún momento en
el que hayas sentido terror. Anota
lo que sucedió y tu reacción.

Terror = susto, petrificación, pánico
Terror ≠ relajación, ánimo, valor

Enojo

El *enojo* puede ser repentino y feroz, puede durar un segundo. O puede empezar lentamente, crecer y permanecer por un largo tiempo. Puedes sentirte enojado con una persona o una cosa en particular que te hayan hecho. O bien sentir enojo hacia todos y todas las cosas.

Algunas personas confunden el sentirse enojados con sentirse poderosos. Dado que el enojo es un sentimiento tan fuerte, piensan que los fortalece. Recuerda que el poder personal significa sentir seguridad y confianza.

Los momentos en que puedes sentir enojo son cuando:
- tu hermana lee tu diario íntimo sin pedirte permiso
- un maestro dice que estabas haciendo trampa, sin fundamento
- un amigo rompe una promesa que te hizo
- tus padres te castigan por romper una regla

PARA TI EN LO PERSONAL

Escribe sobre un momento en el
que hayas sentido enojo. Anota lo
que sucedió y tu reacción.

Enojo = molestia, irritación, indignación, resentimiento, amargura
Enojo ≠ amor, amistad, paz, atmósfera agradable

Cólera

La *cólera* es un enojo que llega al punto de ebullición y explota; o puede permanecer oculta en tu interior, esperando el momento de hacer explosión como un volcán. Sentir *cólera* es ponerse fuera de control. Los momentos en que puedes sentir cólera son cuando:
- alguien te avergüenza o te humilla con insultos, golpes, o burlas
- alguien se lleva algo valioso que te pertenece sin tu permiso

- alguien dice mentiras sobre ti y todos los demás le creen
- tus padres cambian las reglas y tú sientes impotencia

PARA TI EN LO PERSONAL

Escribe sobre alguna ocasión en que hayas sentido cólera. Anota lo que sucedió y tu reacción.

Sentir cólera = sentir furia, hervir, "ver rojo"
Cólera ≠ calma, tranquilidad, paz

Vergüenza

Cuando sientes *vergüenza* te sientes desprotegido. Quieres correr, esconderte o cubrirte. Parece que de pronto todos "saben" que no sirves. ¡Algo está mal en tu interior y todos se dan cuenta! Las ocasiones en que puedes sentir vergüenza son cuando:

- pides ayuda a alguien y esa persona te contesta: "Vete, no me molestes"
- tus padres te regañan por llorar y te dicen: "Deja de portarte como un bebé"
- tienes que dar una plática a tus compañeros de clase y de pronto olvidas todo
- quieres acercarte a alguien que no conoces, pero enmudeces
- te tropiezas o caes y todos a tu alrededor se ríen de ti

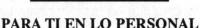

PARA TI EN LO PERSONAL

Escribe sobre alguna ocasión en la
que hayas sentido vergüenza.
Habla de lo que sucedió y de tu
reacción. ¿Has hablado con
alguien de esto? Piensa en
contárselo a un adulto, alguien en
quien confíes y con quien puedas
hablar.

Vergüenza = desprotección, desánimo, incomodidad, pena,
timidez, culpa, cohibición
Vergüenza ≠ confianza, orgullo, sentirse "en la cima del
mundo"

Humillación

Cuando sientes *humillación*, estás profunda y públicamente
avergonzado. Te sientes completamente vencido por alguien o algo. Te preguntas si podrás volver a dar la cara. Los
momentos en los que puedes sentir humillación son cuando:

- olvidas tus líneas en la obra escolar la noche del es-
  treno
- uno de tus padres te regaña frente a tus amigos
- otro niño te golpea en la escuela frente a las niñas de tu
  grupo

- alguien en quien confiabas revela tu secreto a otras personas
- los demás chicos de la escuela empiezan a llamarte con un apodo verdaderamente terrible

---

PARA TI EN LO PERSONAL

Escribe sobre alguna ocasión en la que hayas sentido humillación. Habla de lo que sucedió y tu reacción. ¿Has hablado con alguien de esto? Piensa en contárselo a un adulto, alguien en quien confíes y con quien puedas hablar.

Humillación = mortificación, deshonra, derrota, enajenación
Humillación ≠ orgullo, regocijo

Desprecio

Sentir *desprecio* es menospreciar a los demás y pensar que tú eres mejor que ellos, que valen "poco" y no merecen tu aprecio o respeto.

En ocasiones el desprecio es una defensa, una manera de protegerte contra sentimientos dolorosos o incómodos. Los niños que se sienten abandonados piensan que despreciar es una forma de sentirse "por encima de todo" y probar que "no les importa nada".

Las ocasiones en que puedes sentir desprecio por alguien son cuando:

- los otros chicos parecen ser más lentos o menos listos que tú, y tú te sientes superior a ellos.
- te sientes solo y no sabes cómo empezar a hacer amigos, por lo que decides que "no te importa" o que "no necesitas a nadie"
- otros chicos te niegan la entrada a su club, por lo que consideras que éste es "estúpido" y no vale la pena ingresar a él
- tienes miedo de probar algo nuevo pero no quieres demostrarlo, de manera que actúas como "si estuvieras por encima de todo"
- alguien te ha insultado y quieres desairarlo

PARA TI EN LO PERSONAL

Escribe sobre alguna ocasión en la
que hayas sentido desprecio por
otra persona. Habla de lo que
sucedió y tu reacción.

Sentir desprecio = desdeñar, ser irrespetuoso, pesado, presumido, altanero, sarcástico
Sentir desprecio ≠ ser humilde, respetuoso, admirar

Asco

Cuando sientes *asco* de alguien, prácticamente no puedes estar cerca de esa persona; sientes que te "enferma". Deseas librarte de ella, de la misma forma en que escupirías algo que no te gusta. También es posible sentir asco de ti mismo.

Las ocasiones en las que puedes sentir asco son cuando:

- descubres que un buen amigo te ha traicionado
- te das cuenta de que tus padres no son tan perfectos como pensabas
- sientes que ya estás grande para hacer cosas de "chiquillos"
- alguien deja de caerte bien y ya no quieres estar cerca de él para nada

---

PARA TI EN LO PERSONAL

Escribe sobre alguna ocasión en la que hayas sentido asco por otra persona. Habla de lo que sucedió y tu reacción. Después escribe sobre algún momento en el que hayas sentido asco de ti mismo.

Asco = repulsión, aversión, repugnancia
Asco ≠ afecto, cariño, simpatía

Identifica el cambio repentino de los sentimientos

Quizás antes pensabas que sentir "sorpresa" y "sobresalto" era lo mismo. O que "temor" era lo mismo que "terror".

Ahora sabes que estas cosas son diferentes. Cada sentimiento tiene un nombre apropiado. Y que has aprendido bien su nombre y a conocerte mejor.

Algunas veces puede resultar difícil identificar los sentimientos. Esto se debe a que puedes sentir más de uno a la vez y a que llegan con tanta rapidez que parecen mezclarse.

- Por ejemplo, puedes sentir *sobresalto* en principio y enseguida *enojo*. Como aquella vez en que alguien saltó frente a ti y verdaderamente te sobresaltó. ¡Querías golpearlo!

- Puedes sentirte *satisfecho* pero de pronto alguien te agrede con insultos y, de inmediato, te sientes *humillado*. Por ejemplo, al buscar en tu caja de juguetes, descubres tus antiguos bloques. Los sacas y construyes una torre... ¡Te sientes satisfecho! Entonces, tu hermana mayor entra a tu cuarto y te dice: "Miren al bebé jugando con sus bloques".

- Puedes cambiar de sentir *sorpresa* a *alegría*. Como cuando tus padres te dieron una fiesta sorpresa para tu cumpleaños o te compraron un regalo que no esperabas.

- Puedes cambiar de la *vergüenza* a la *cólera*, pues están muy relacionadas. La cólera es una manera de "encubrir" la vergüenza para que no se note tanto.

En la misma forma en que los colores primarios, rojo, amarillo y azul, pueden mezclarse para hacer más colores, también los ocho tipos básicos de sentimientos pueden cambiarse y originar más.

Hablemos de los sentimientos

Hablar de los sentimientos debería ser una parte regular de la vida. Por desgracia, para muchas personas no lo es. Se

sienten incómodas al hablar de sus propios sentimientos y sobre todo al escuchar que otros hablan acerca de ellos. Quizás algunos de los adultos que forman parte de tu vida sean así.

Intenta encontrar a alguien con quien puedas hablar de tus sentimientos. Empieza con tus padres. Trata con una maestra o el orientador escolar, con tus abuelos o un sacerdote. Quizá con un hermano o una hermana. Encontrarás a alguien que hable tu idioma. Encontrarás a alguien que escuche y desee comprender.

Recuerda que los sentimientos no son "incorrectos" o "correctos", "buenos" o "malos". Los sentimientos simplemente existen. Está bien que tengas todos tus sentimientos porque son precisamente eso, *tus* sentimientos. Y nadie puede quitártelos a menos que lo permitas.

Nadie puede hacer que los cambies a menos que tú lo dejes. ¡No lo hagas! Defiéndelos porque son tuyos.

Expresa tus sueños futuros

Para esta parte del libro, necesitarás tres cosas:
1. tu memoria
2. tus ojos, y
3. tu imaginación

Intenta tener contigo estas otras tres cosas:
1. una de tus fotografías a la edad de cinco años que muestre tu cara y tus ojos
2. un espejo, y
3. una máquina del tiempo

2. un espejo, y

3. una máquina del tiempo

Probablemente no cuentes con una máquina del tiempo *verdadera,* por lo que tendrás que imaginarla. Tal vez tengas que imaginar una exactamente del tamaño adecuado para colocarla sobre la silla donde estás sentado en este momento.

ESTÁS A PUNTO DE VIAJAR A TRAVÉS DEL TIEMPO y el ESPACIO, de regreso a la época de tu infancia. Regresas al día de hoy. Lo pasas y sigues hacia el futuro...

1. Utilizando tu memoria, tu fotografía y tu máquina del tiempo, regresa al momento en que tenías cinco años de edad.

¿Qué tipo de persona eras? ¿Que cosas eran importantes para ti? ¿Qué soñabas para ti mismo?

PARA TI EN LO PERSONAL

Escribe sobre ti cuando tenías
cinco años. Hazlo como si
describieras a alguien más. Por
ejemplo, "Sandra va en
preescolar. Le gusta bailar y jugar
con su perro. Tomás quiere ser
astronauta cuando crezca..."

2. Utilizando tus ojos y tu espejo, observa cómo eres ahora.
¿En qué forma has cambiado? ¿Qué cosas son importantes para ti ahora? ¿Qué personas son importantes para
ti? ¿Eres feliz? ¿Te caes bien? ¿Haces algunas de las cosas
que quieres hacer, cosas que verdaderamente te interesan?
¿Cuáles son tus metas personales? ¿Para qué vives? ¿Cuáles son tus sueños para ti mismo? ¿Cuáles son algunas cosas
que te gustaría cambiar de ti mismo y de tu vida?

PARA TI EN LO PERSONAL

Escribe sobre cómo eres
actualmente.

3. Utilizando tu imaginación y tu máquina del tiempo, ade-
lántala hasta llegar a tu futuro.

¿Qué haces? ¿Qué tipo de vida llevas? ¿Cuál es tu trabajo
o actividad? ¿Dónde vives? ¿Estás casado? ¿Tienes hijos?
¿Cuáles han sido tus logros más importantes? ¿De qué te sientes
más orgulloso? ¿Has logrado tus metas personales? ¿Has hecho
realidad tus sueños? ¿Qué quieres hacer después de esto?

PARA TI EN LO PERSONAL

Escribe sobre cómo serás
en el futuro.

Escribir acerca de quién podrías ser algún día sería una buena manera de empezar a pensar en tus sueños futuros. Estos sueños son tus metas personales y dan a tu vida dirección, propósito y significado. Guían tus decisiones y te ayudan a definir el tipo de persona que deseas ser.

Tus sueños pueden situarse en el futuro cercano o lejano. Aquí te presentamos algunos ejemplos de los sueños para el futuro cercano:

- "hacer amistad con los chicos que respeto en la escuela"
- "ofrecer un cumplido sincero a, por lo menos, una persona cada día"
- "estar bien de salud"
- "aprender todo lo que pueda sobre fotografía"
- "leer más y ver menos televisión"
- "ganar tres medallas más al mérito en el club de exploradores"

También, ejemplos de sueños para el futuro lejano:

- "convertirme en un jugador profesional de básquetbol"
- "convertirme en bailarín"
- "convertirme en científico"
- "tener hijos algún día"
- "conseguir un empleo en el que pueda trabajar con animales"

PARA TI EN LO PERSONAL

Elabora una lista de tus diez sueños futuros más importantes. ¿Cuáles son para el futuro cercano? ¿Cuáles para el futuro

lejano? Guarda tu lista unas
cuantas semanas y después
revísala de nuevo. ¿Ha
cambiado algo?

━━━━━━━━

Acaso te preguntes de dónde vienen tus sueños futuros. No
naces con ellos ni puedes comprarlos en una tienda. En
efecto, vienen de muchas personas y lugares diferentes, como:

- tus padres
- tus maestros
- otras personas a quienes admiras o respetas
- tus líderes religiosos
- tus amigos
- tu grupo de compañeros (niños de tu edad)
- la música que escuchas
- lo que lees en libros, revistas y periódicos
- los programas de televisión y las películas
- tu imaginación

Otra cosa que debes saber sobre los sueños futuros es
que *cambian*. Los tuyos no seguirán siendo los mismos durante toda tu vida. Conforme las cosas cambien a tu alrededor —mientras *tú* cambias en tu interior— necesitarás decidir continuamente lo que quieres ser y hacer.

Expresa tus necesidades

"Necesidad" es una palabra que todos usamos mucho. Hablamos sobre "necesitar" ver una nueva película, un nuevo motor para nuestro tren de juguete y que nos corten el cabello o compren una chamarra deportiva.

Pero éstas no son necesidades. Son *deseos*. Las necesidades y los deseos no son lo mismo.

Existen siete necesidades básicas que todos compartimos. La necesidad de:

1. relacionarnos con otras personas
2. tocar y ser tocado
3. pertenecer y sentirte "uno" entre los demás
4. ser diferente y estar separado
5. nutrir (interesarnos por otras personas y ayudarlas)
6. sentirnos considerados, valorados y admirados
7. tener poder en nuestras relaciones y nuestra vida

Al igual que los sentimientos, las necesidades no son correctas o incorrectas, buenas o malas. *Las necesidades simplemente existen.* Si las conoces bien, podrás entenderlas y explicarlas a otras personas. Y serás capaz de defenderte.

La necesidad de relacionarnos con otras personas

Desde el momento en que nacemos, necesitamos interesarnos por otras personas y que otros se interesen por nosotros; sentirnos *absoluta y completamente seguros* de que so-

mos importantes y de que se nos quiere; considerar que somos especiales en cada una de nuestras relaciones.

Conforme vayas creciendo, algunas personas te dirán,
"No es bueno necesitar o depender de otras personas. Es
mejor valerte por ti mismo". Vivimos en una sociedad que
valora la independencia y predica que sólo las personas dé-
biles necesitan a otras personas.

De hecho, para tener relaciones con la gente se necesita
verdadera fortaleza. Algunas veces es difícil ser amigo de alguien. Otras es difícil ser hermana o hermano. En tu vida futura
encontrarás que también es difícil estar casado y ser padre.

Si necesitas a otras personas, y te relacionas con otras
personas, ¡no significa que seas débil! *Eres fuerte*. Necesitar
es una fuente de fortaleza.

PARA TI EN LO PERSONAL

Escribe sobre tus relaciones más
importantes. ¿Quiénes son las
personas que te interesan más,
que se interesan más por ti? Pide a
una de ellas algo de "tiempo
especial" para compartir. (Cuando
lo hagas, estarás pidiendo que se
satisfaga tu necesidad.) Después,
escribe sobre cómo te sentiste y
cómo se comportó la otra persona.

La necesidad de tocar y ser tocado

Los bebés, los niños, los adolescentes, los adultos, las abuelitas y los abuelitos... *todos* necesitamos ser tocados y tocar algunas veces.

Tocar y ser tocados son formas de demostrar afecto. Cuanto tu mamá te abraza o te da un beso de despedida al salir para la escuela, te está diciendo: "Te quiero mucho".

Así también, tocar y ser tocado son formas de ofrecer consuelo. Cuando te caes de la bicicleta y corres hacia tu papá, él te abraza y con eso te dice: "Aquí estoy para ayudarte".

Los científicos saben que los bebés necesitan ser tocados y abrazados. Cuando no reciben suficientes caricias, no desarrollan adecuadamente sus facultades sensoriales y, en consecuencia, tienen problemas físicos y mentales. Nuestra necesidad de ser tocado y abrazado no desaparece nunca, aunque uno sea una persona adulta.

Desafortunadamente, vivimos en una sociedad que confunde tocar y abrazarse con otras intenciones. Por esta razón, conforme vayas creciendo, puedes recibir diferentes mensajes respecto a tocar y ser tocado. La gente se burla y le pone apodos a los amigos que se tocan. Los padres pueden decidir repentinamente que sus hijos e hijas adolescentes están ya "demasiado grandes" para ser abrazados y besados. Éste es un problema de nuestra sociedad y no tuyo. Es bueno necesitar tocar y ser tocado.

Desde luego, nunca debes dejar que nadie te toque en una forma que te haga sentir mal. Recuerda, hay *una buena forma de tocar y una mal intencionada*. Probablemente tus padres y maestros te hayan explicado la diferencia, pero si no lo han hecho, pide a un adulto en quien confíes que te la explique.

PARA TI EN LO PERSONAL

Pide a alguien en quien confíes
que te dé un abrazo. Escribe sobre
lo que sucede y cómo te sientes.

La necesidad de pertenecer y ser "uno" entre los demás

Tomás quiere crecer para ser igual a su papá. Emilia también desea ser igual a su mamá. José quiere imitar a su hermano mayor. Clara espera algún día ser tan lista como su maestra. Y Timoteo no puede dejar de hablar de su héroe, un jugador de béisbol.

Desde una edad temprana, todos tenemos personas a quienes admiramos y respetamos. Queremos ser como ellos, quizás imitemos la manera en que caminan o se visten y las cosas que dicen. Esto nos ayuda a sentir que somos parte de su vida, incluso parte de ellos en nuestro interior. Sentimos que pertenecemos y somos "uno" con ellos.

Otra forma en que satisfacemos esta necesidad es formando parte de grupos. Los niños exploradores, los equipos deportivos, el club de computación y nuestra iglesia o templo, son ejemplos de grupos a los que podemos pertenecer.

PARA TI EN LO PERSONAL

Nombra a cinco personas a
quienes respetes y admires. ¿A
quién deseas parecerte más? ¿Por
qué? Nombra los grupos u
organizaciones a los que
perteneces. Di qué es lo que más
te gusta de cada uno.

La necesidad de ser diferente y estar separado

Todos necesitamos sentir que somos diferentes, únicos y separados. También, ser capaces de decirnos a nosotros mismos: "No hay nadie más como yo en el mundo entero."

Por otra parte, también necesitamos ser capaces de decir a otras personas: "Yo *no* soy tú, soy diferente de ti". O, tal vez, decir "No" a cosas que nos han enseñado. Así definimos y descubrimos quiénes somos en realidad y qué creemos verdaderamente.

La necesidad de sentir que somos diferentes y que estamos separados puede parecer opuesta a la necesidad de pertenecer y sentir que somos "uno" entre los demás. En efecto, lo es. Durante toda tu vida irás de una de estas dos necesidades a la otra. Algunas veces imitarás a otras personas a quienes admires. Otras, permitirás que surjan tus propios talentos, intereses y habilidades.

―――――――

PARA TI EN LO PERSONAL

Describe cinco formas en que te
sientas diferente a los miembros
de tu familia. Describe cinco
formas en que te sientas diferente
de tus amigos. Debes sentir
satisfacción por estas diferencias.

―――――――

La necesidad de nutrir

―――――――

Alicia espera a que su papá duerma su siesta. Entonces, abre la puerta silenciosamente, sale y comienza a lavar el auto.

Alicia está emocionada. Su papá no sabe que ella está lavando el auto. ¡Será una gran sorpresa! Piensa en lo que sucederá cuando su papá despierte. Saldrá y verá un auto limpio y brillante y sabe que él se pondrá feliz. Todo el tiempo que dedica a lavar el auto ella se siente bien consigo misma.

―――――――

Darío mira el reloj en la pared de su salón de clase. ¡Faltan sólo cuatro horas para la fiesta en patines de la escuela! Todos van a ir: niños, padres, maestros y hasta el director.

"Voy a ir", dice su maestra. "Pero no soy muy buena patinando. Espero que nadie se ría de mí." Sonríe para hacer saber a los alumnos que no le importa no ser buena patinadora.

Esa noche, en la pista de patinaje, Darío ve a su maestra que patina con lentitud muy cerca de la barandilla. Darío se le acerca patinando y le dice, "Apóyese en mi brazo y la ayudaré a patinar".

"¡Muchas gracias, Darío!", exclama su maestra. "Es muy buen detalle de tu parte."

Darío sonríe, se siente bien consigo mismo.

━━━━━━

Todos necesitamos nutrir a otras personas. Ayudarles y mostrarles que nos interesan.

Nutrir a otras personas las hace sentirse bien. También a nosotros mismos.

━━━━━━

PARA TI EN LO PERSONAL

Describe cinco ocasiones en que
hayas ayudado a otras personas.
Habla sobre cómo te sentiste y
cómo reaccionaron.

━━━━━━

La necesidad de sentirnos considerados, valorados y admirados

¿Alguna vez has pedido a tu mamá, papá o a otras personas que te vean hacer algo, como tocar un instrumento, bailar o pegarle a una pelota? ¿Recuerdas su mirada mientras te observaban?

Todos necesitamos sentirnos considerados y valorados, reconocidos y abiertamente admirados.

En principio contamos con que otras personas nos ayuden a sentirnos así. Con el tiempo aprendemos a animarnos y alabarnos nosotros mismos. Piensa en una bebé que apenas empieza a caminar. Al principio cuenta con que sus padres la ayuden a incorporarse, la lleven de la mano y la levanten si cae. Con el tiempo aprenderá a caminar sola.

Cuando alguien que nos interesa nos dice: "Eres bueno en ortografía", comenzamos a pensar, "Soy bueno en ortografía". Si nos dicen: "Me gusta la manera en que hablas con tu hermanita", pensamos, "Soy una persona amable". Conforme otras personas perciben nuestros talentos y habilidades, nos sentimos más seguros respecto a ellas. Nos damos cuenta que somos considerados y valorados y *merecemos* ser admirados.

PARA TI EN LO PERSONAL

Nombra al menos cinco de tus
talentos y habilidades. Ahora
nombra al menos cinco personas
que te ayudan a sentirte
considerado, admirado y valorado.

La necesidad de poder en nuestras relaciones y en nuestras vidas

Hasta ahora hemos hablado del poder personal, de sentirte seguro y confiado en tu interior. Pero existe otro tipo de poder que todos necesitamos.

Necesitamos sentir que tenemos poder en nuestras relaciones con otras personas (que no es lo mismo que tener poder *sobre* la gente). Y que estamos a cargo de nuestras propias vidas.

Siempre que tienes la posibilidad de elegir entre cosas como qué y cuándo comer, qué ponerte, cuándo acostarte a dormir o tomar tus lecciones de música, estás ejerciendo poder. Hay muchas cosas sobre las que no tienes poder y algunas sobre las que sí lo tienes.

PARA TI EN LO PERSONAL

Nombra cinco cosas sobre las que tengas poder en tu casa. Después, nombra cinco cosas sobre las que no lo tengas. Elige algo sobre lo que no tengas poder y habla sobre ello con tu mamá o tu papá. Trabajen juntos para encontrar dos opciones que puedas tener al respecto.

Más adelante te hablaremos de las formas de obtener y utilizar el poder en tus relaciones y en tu vida. Por el momento, primero hay algo más que debes saber sobre tus sentimientos, sueños futuros y necesidades.

Cómo hacer valer tus sentimientos, sueños futuros y necesidades

Mario no encuentra uno de sus guantes para el invierno. Piensa que lo dejó en el patio de juegos durante el recreo. Sabe que en la oficina hay una caja de objetos perdidos. Al terminar sus clases, pide permiso de revisarla.

"Estoy buscando mi guante", dice a la secretaria de la escuela. "Es azul y tiene la figura de Batman." Y ahí lo encuentra, justo arriba de los objetos dentro de la caja. "¡Lo encontré!", le dice. "Éste es mi guante."

Mario *nombra* su guante. No dice: "Estoy buscando un botón" o "Estoy buscando una bufanda de rayas". Después, *pide* su guante. No dice: "Éste es mi guante pero, ¿qué hace aquí?". Tampoco, "Éste es mi guante pero qué feo está". No lo cuestiona ni lo juzga, simplemente lo acepta. El guante le pertenece.

Ésta es la manera de hacer valer tus sentimientos, sueños futuros y necesidades. No los cuestiones ni los juzgues. Simplemente *experiméntalos, nómbralos* y *acéptalos.* Te pertenecen.

¿Por qué debes interesarte en hacer valer tus sentimientos, sueños futuros y necesidades? Porque nombrarlos no es suficiente para hacerlos tuyos. ¿Y si Mario hubiera dicho: "Éste es mi guante" y después lo hubiera dejado en la caja de objetos perdidos? Habría sabido dónde encontrar su guante pero no habría sido capaz de utilizarlo.

Es importante poner en práctica todo lo que sientes, sueñas y necesitas. No sólo lo que te parezca fácil y seguro. Tampoco lo que otras personas te digan.

- Quizá no te guste sentir vergüenza. ¡Te gustaría poder dejar ese sentimiento en una caja de objetos perdidos!

- O tal vez uno de tus sueños se esté convirtiendo en una aflicción. Porque quieres aprender a tocar un instrumento y no pensaste que esto implica practicar y practicar por mucho tiempo.

- Quizá tengas problemas con tu necesidad de tocar y ser tocado. Porque te sientes afligido cuando tu mamá te abraza, especialmente frente a tus amigos. Sin embargo, te gusta que te abrace y cuando no lo hace lo extrañas... ¡Aaaay! ¡Qué confuso es todo esto!

Tal vez intentes hacer a un lado algunos sentimientos, sueños futuros y necesidades o guardarlos muy dentro de ti mismo. Ésta no es una buena idea, porque no deben permanecer alejados o guardados. Más tarde pueden convertirse en un gran problema.

Actualmente muchos adultos tienen grandes problemas en la vida. Los médicos piensan que esto se debe a que hicieron a un lado o guardaron importantes sentimientos, sueños futuros y necesidades cuando eran niños. Al hacerlo, perdemos la pista de quiénes somos realmente. Nos perdemos a nosotros mismos.

Habla de las cosas contigo mismo

Existe una forma sencilla en que puedes hacer valer tus sentimientos, sueños futuros y necesidades. Nosotros la llamamos: *habla las cosas contigo mismo*. He aquí como funciona:

1. Pregúntate: "¿Cómo me siento hoy?". Después, nombra un sentimiento que estés experimentando. Habla de ello contigo mismo. Tu charla puede ser como ésta:

DI...
"Me siento triste hoy."

PREGUNTA...

"¿Por qué me siento triste? ¿Que sucedió que me hizo sentir triste?"

"Me siento triste porque anoche tuve una discusión con mi papá."

"¿Qué puedo hacer respecto a mi sentimiento de tristeza?"

"Puedo hablar con mi papá sobre la discusión."

Algunas veces no podrás cambiar un sentimiento, pero sí hablar de ello contigo mismo. Esto siempre es mejor que hacerlo a un lado o guardarlo en tu interior.

2. Pregúntate: "¿Cuáles son mis sueños futuros?". Después nombra un sueño para el futuro cercano o el futuro lejano. Habla de ello contigo mismo. Tu charla puede ser así:

Entonces nos pusimos a discutir y él gritó "¡nunca!" y ahora me siento tan triste... ¿Qué puedo hacer con este sentimiento?

DI...

"Realmente quiero trabajar con animales algún día."

"Puedo empezar por leer libros sobre personas que trabajen con animales."

"Puedo hablar con veterinarios y con entrenadores de animales para averiguarlo."

PREGUNTA...

"¿Qué tengo que aprender para hacer que este sueño se realice?

"¿Qué haré en realidad?"

3. Pregúntate: "¿Hay algo que necesite en este momento?".
De ser así, intenta nombrar tu necesidad. Después habla de
ella contigo mismo. Tu charla puede ser como la siguiente:

DI...

"Necesito hacer
amistades en la escuela.
Algunas veces me siento
aislado y solo."

PREGUNTA...

"¿Cómo puedo empezar a
hacer amigos?"

"Puedo preguntar si
alguien quiere jugar
básquetbol conmigo en
el recreo."

"¿Y si nadie quiere jugar
conmigo?"

"Puedo buscar a otro
grupo de niños que estén
jugando básquetbol y
preguntarles si puedo
jugar con ellos."

Algunas veces no podrás obtener lo que necesitas. Pero,
aún así, podrás hablar de ello contigo mismo. Esto es mejor
que hacer a un lado tu necesidad, o guardarla en tu interior.

SUGERENCIAS PARA HABLAR DE LAS COSAS CONTIGO MISMO

- Intenta convertir esto en un hábito. Programa un tiempo para hacerlo todos los días.

- Habla en voz alta contigo mismo, si tienes un lugar privado a dónde ir. Si no lo tienes, puedes escribir tus preguntas o respuestas. O simplemente pensar en ellas.

Los grandes escapes

Algunas veces los sentimientos son demasiado fuertes como para manejarlos, especialmente los que no nos hacen sentir bien. Nos afligimos o atemorizamos, avergonzamos o enojamos tanto que el sentimiento nos domina.

En momentos como éstos, necesitamos una manera de escapar de nuestro sentimiento. Necesitamos una forma de "salir" de él y dejarlo ir.

Éstos son cuatro grandes escapes que puedes probar.

1. Encuentra algo que te haga reír.
Lee tu libro de caricaturas favorito. Observa un programa cómico de televisión. Pide a alguien que te haga cosquillas o te cuente un chiste.

Quizá puedas encontrar algo divertido en lo que te esté molestando. Conocemos a un hombre que lo hizo. Él solía dejar caer y romper muchas cosas. Se sentía enojado consigo mismo por ser tan torpe, y avergonzado porque otras personas se daban cuenta. A menudo tenía miedo de tirar y romper algo más. Un día encontró la manera de reírse de su problema. Ahora, siempre que tira algo, dice: "¡Ah, ah! La gravedad ataca de nuevo".

2. Dirige tu atención hacia algo que no sea tu sentimiento.
Ve a nadar o a practicar ciclismo. Juega futbol o practica el patinaje. Da un paseo y concéntrate en las imágenes y sonidos que estén a tu alrededor.

Habla contigo mismo acerca de todo lo que ves, escuchas, hueles y tocas. Ésta es una buena forma de desprenderse de los sentimientos de timidez, pena o vergüenza.

3. Medita.
La meditación es otra manera de dirigir tu atención hacia algo que no sea un sentimiento poderoso. Hay muchas formas de meditar, y quizá puedas intentar la siguiente.

Meditación de burbuja

- Encuentra un sitio tranquilo en el que puedas estar solo por un tiempo. Siéntate cómodamente y cierra los ojos.

- Imagina que sostienes una enorme vara y una botella de jabón para hacer burbujas. Sumerge la vara en el jabón.

Empieza a lanzar grandes burbujas con los colores del arcoiris. Éstas flotan, se van reduciendo hasta que finalmente desaparecen.

- Coloca una preocupación dentro de cada burbuja y observa cómo se aleja flotando hasta desaparecer.
- Haz esto durante unos cinco o diez minutos. Detente cuando sientas que estás listo.

4. Sueña despierto.

Soñar despierto es como poseer tus películas favoritas en videocintas. Las puedes ver cuantas veces quieras, ¡gratis!

Quizá ya tengas tu propio ensueño especial para los momentos en que necesitas "escapar". Éstos son otros dos ejemplos que puedes probar:

"Si pudiera tener todo lo que quisiera..."
Algunas veces experimentamos sentimientos fuertes porque hacemos a un lado o guardamos en nuestro interior otro sentimiento, un sueño futuro o una necesidad. Este ensueño puede ayudarte a descubrirlo. Considera estos dos ejemplos.

- "Si pudiera tener todo lo que quisiera... ¡alguien adoptaría a mis hermanos y hermanas y se los llevaría!"
  Quizá sientas celos de ellos. Tal vez necesites sentirte diferente y separado. ¿Qué puedes hacer para lograrlo?
- "Si pudiera tener todo lo que quisiera... mi mamá me mimaría como solía hacerlo cuando era bebé."
  Tal vez te sientas triste o temeroso. Quizá sientas la necesidad de tocar y ser tocado. ¿Qué puedes hacer para satisfacerla?

Si no encuentras qué es lo que un ensueño te está diciendo, intenta hablar de él con un adulto en quien confíes. Tal vez él o ella pueda ayudarte a descifrarlo.

Enfrenta a tu monstruo

Algunas veces la mejor manera de escapar de algo es volverte y enfrentarlo. Este ensueño te ayuda a enfrentar al "monstruo" de tu sentimiento poderoso.

- Piensa en lo que sientes. Tal vez sea temor o ira, vergüenza o celos. Acaso se trate de tristeza o soledad.
- Ahora imagina qué "apariencia" tiene tu sentimiento.
- Quizá el temor parezca un diminuto ratón, que tiembla con todo y bigotes.
- Quizá la ira parezca una criatura hecha de fuego, ¡sus orejas y su nariz despiden humo!
- Tal vez la tristeza parezca un elefante azul, cuyas orejas, trompa y cola cuelgan desconsoladas.
- Ahora imagina que das un regalo a tu sentimiento. Si tu temor se parece a un ratón, podrías llevarle un pedazo de queso. Si tu ira parece una criatura de fuego, podrías llevarle un cono de helado. Si tu tristeza parece un elefante azul, podrías darle nueces color de rosa.

Aun este ensueño puede llegar a ser divertido.

CÓMO OBTENER Y UTILIZAR EL PODER PERSONAL EN TUS RELACIONES Y EN TU VIDA

Lola quisiera ser grande ya. ¡Quizás entonces logre algo de control sobre su propia vida!

Ahora parece que todos los demás pueden darle órdenes. Si no quiere hacer algo, la obligan a hacerlo o afrontar las "consecuencias". Odia esa palabra. ¡La escucha mil veces al día!

Su mamá le ordena que tienda su cama. Si no lo hace, las "consecuencias" son no ver la televisión. Su papá le ordena que saque a pasear al perro; si no lo hace, las "consecuencias" son un castigo de diez minutos encerrada en su cuarto. Su maestra le ordena que escriba un reporte. Si no lo hace, primero se lleva una calificación baja y después enfrenta más problemas en casa.

Además existen otras personas que pueden decirle qué hacer. La niñera. Su hermano mayor. Su maestro de la escuela de los domingos. Su entrenador de gimnasia. Su maestra de piano. Incluso su vecina, la señora Ramos. La semana pasada, la señora Ramos le dijo que dejara de jugar con la pelota fuera de su departamento.

Lola desearía que hubiera un solo día en el que ella fuera quien diera las órdenes. ¡Haría que se arrepintieran todos!

━━━━━━ ━━━━━━

Es cierto, ser niño es difícil. ¡Quienquiera que te diga que "ésta es la mejor etapa de tu vida" necesita un examen mental!

¿Qué tiene de grandioso? Eres bajo de estatura. No puedes manejar un auto. Tienes que ir a la escuela. ¡Hasta pedir permiso para ir al baño! Otras personas te dicen que ordenes tu cuarto o te laves las orejas. Te ordenan dónde vivir, qué comer, incluso decir lo que ellos quieren. ¡Es horrible!

Pero, en realidad, tienes más poder de lo que crees. Y puedes utilizarlo para defenderte.

Dos tipos de poder

Hay dos tipos de poder que debes conocer: *el poder de posición y el poder personal.*

El poder de posición está "incorporado" a ciertos papeles o puestos. Los padres tienen este tipo de poder sobre sus hijos, para establecer las reglas, otorgar privilegios, quitar privilegios y más, *sólo porque son padres.*

Asimismo, los maestros lo tienen sobre sus alumnos para asignarles tareas, aplicarles pruebas, subir o bajar calificaciones, castigar a los niños al terminar la clase y más, *sólo porque son maestros.*

Igualmente, otras personas lo tienen, como: las niñeras, los líderes de los niños exploradores, directores, entrenadores, agentes de policía, legisladores, jueces y presidentes.

Tal vez tú tengas algo de este tipo de poder. Si eres líder de un club, jefe del consejo estudiantil o solista de la orquesta escolar, tienes poder de posición. Puedes tomar decisiones que otras personas no pueden, *sólo por* la posición que ocupas.

El poder de posición y el personal NO son lo mismo. A continuación te presentamos algunas de sus diferencias:

- El poder de posición es algo que obtienes "sólo porque". En cambio el poder personal es algo que obtienes porque *lo quieres* y *te esfuerzas* para conseguirlo.
- El poder de posición depende de tener a alguien sobre quien se pueda ser poderoso. (Un rey sin gente a quién gobernar no tiene mucho poder de posición.) Y el poder personal depende únicamente de ti.
- El poder de posición es algo por lo que quizá tengas que esperar. Quizá no obtengas mucho de él. El poder personal es algo que se presenta en cualquier momento, si lo deseas, y puedes obtener todo lo que quieras de él.
- Sólo algunas personas pueden tener poder de posición. Y cualquiera, poder personal. Tú lo puedes tener, aun cuando *haya muchas personas con poder de posición sobre ti.*

Es importante entender estas diferencias. Algunas personas se pasan la vida entera peleando contra otras personas con poder de posición. Y algunos piensan que es el único que vale la pena tener. Esto les ocasiona grandes problemas en la vida.

Regresa a la página 61 y lee de nuevo la historia de Lola. ¿Te das cuenta de por qué tiene problemas? Está enojada con todos los que tienen poder de posición en su vida. Le gustaría poder vengarse de ellos. ¡Qué desperdicio de energía!

Pero, ¿qué puede hacer? Puede aceptar que algunas personas tienen poder de posición sobre ella y esforzarse por aumentar su poder personal; entonces no le importará tanto este problema. De todas formas se sentirá segura y confiada por dentro.

Si siempre peleas con las personas con poder de posición sobre ti, ¿te hace esto algún bien? Probablemente no. Pero, sí es seguro que te esté ocasionando problemas.

Una sugerencia: deja de pelear y acepta que algunas personas tienen poder de posición sobre ti. Utiliza tu energía para construir tu poder personal. Ésta es una manera de defenderte.

IMPORTANTE

Esto no significa que debas estar de acuerdo *siempre* con quienes tienen poder de posición sobre ti. O que debas hacer *todo* lo que digan. Si un adulto intenta obligarte a hacer algo que no te parece correcto, ¡pide ayuda! Acude a otro adulto en quien confíes y con quien puedas hablar. Cuéntale lo sucedido. Sigue intentando hasta que encuentres a alguien que pueda ayudarte.

Poder en tus relaciones

———

René y Daniel viven en el mismo edificio. René estudia el cuarto año y Daniel, el sexto. Un día René va en su patineta por la acera cuando Daniel se acerca.

"Qué bonita patineta", dice Daniel.

René se sorprende de que un niño mayor en edad le hable, y le contesta: "Gracias. Me la regalaron por mi cumpleaños".

"Yo también tengo una", dice Daniel. "Puedo enseñarte a hacer algunos trucos, si quieres."

"Está bien", contesta René.

Daniel va por su patineta y durante una hora, los dos niños juegan juntos. René se divierte mucho. Daniel le cae bien y él quiere agradarle.

———

Siempre que nos interesamos por lo que alguien piense de nosotros, le damos poder sobre nosotros. Actuamos en una forma que creemos le gustará. Comenzamos a admirarlo y a imitarlo.

A René le interesa lo que Daniel piense de él, lo cual está bien, mientras Daniel lo trate con respeto. Hay cosas que René puede aprender de Daniel, como a patinar mejor. Pero, ¿y si Daniel no lo trata con respeto? Quizá se burle de René o intente enseñarle trucos demasiado difíciles para él. ¡Eso por supuesto que no está bien!

Durante toda tu vida encontrarás personas cuyas opiniones sean importantes para ti. Querrás caerles bien y les darás poder sobre ti. ¿Cómo saber si te están tratando con

respeto? Presta atención a tus sentimientos. Si estar con ellos y aprender de ellos te hace sentir bien interiormente, ¡adelante! Pero si te hace sentir mal, incómodo o raro, no lo hagas.

También encontrarás personas que se interesen por lo que tú pienses de ellos. Esto te hará sentir poderoso. ¿Cómo sabrás si los estás tratando con respeto? Haz caso de tus sentimientos y sabrás cuándo actúas en una forma que resulta buena para ellos, y cuándo no.

Poder y elección

———

Beatriz está leyendo un libro cuando su mamá llega del trabajo.

"¿Ya hiciste la tarea?", pregunta su mamá.

"Todavía no", contesta Beatriz. "Quiero leer este libro."

"Déjalo AHORA MISMO", le ordena su mamá. "Haz tu tarea AHORA MISMO ¡o te castigaré por una semana!"

———

Conchita está viendo un programa de televisión cuando su mamá llega a casa del trabajo.

"¿Ya hiciste la tarea?", le pregunta su mamá.

"Todavía no", contesta Conchita. "Primero quería ver este programa."

"Conchita, tenemos un problema", dice su mamá. "Se supone que debes hacer la tarea al llegar de la escuela."

"¡Pero éste es mi programa preferido!", exclama Conchita.

"Lo entiendo. Veamos si podemos encontrar una respuesta a nuestro problema."

Su mamá piensa por unos momentos. Después dice: "Tal vez puedas hacer la tarea antes de ir a la escuela por la mañana. Así podrás ver tu programa al llegar a la casa. O puedes grabarlo mientras haces la tarea y verlo más tarde. ¿Qué prefieres?"

"No quiero hacer la tarea en la mañana", dice Conchita. "Creo que grabaré el programa y lo veré después."

Su mamá sonríe y le dice: "Vamos a probar unos días para ver cómo funciona."

━━━━━━

Tanto Beatriz como Conchita tienen que hacer la tarea después de haber llegado de la escuela. En esto los casos son similares. Pero Beatriz se siente impotente en tanto que Conchita se siente poderosa. ¿Por qué? Porque la mamá de Beatriz le dio una orden y la de Conchita le dio la oportunidad de elegir.

Siempre que tenemos alguna opción, nos sentimos poderosos. Muchos padres y otras personas con poder de posición lo saben e intentan dar opciones a los chicos. Incluso si se trata de opciones "pequeñas", como ¿Cuál de las medicinas quieres primero: la de buen sabor o la de mal sabor? El niño no puede elegir entre tomar o no la medicina de mal sabor, pero sí puede elegir cuándo tomarla. Esto le ayuda a sentirse poderoso y no impotente.

Si te sientes impotente en casa, quizá puedas hablar con tus padres. Diles cómo te sientes; pídeles que te dén opciones algunas veces. Ésta es una manera de defenderte.

Y, cuando hagas una elección, ¡cumple con lo que prometas! Por ejemplo, ¿qué sucedería si Conchita viera su programa y no hiciera su tarea? Su mamá podría decidir no darle ya opción alguna.

¿Y si tus padres no te dan elección? No debes sentirte impotente, porque tú puedes darte opciones. Éstas son dos que puedes considerar:

- aceptar las cosas como son. Si tus padres no quieren cambiar, no puedes obligarlos.
- realizar un "Gran Escape". Esto te ayudará si te sientes triste, enojado, avergonzado o simplemente frustrado. En las páginas 56 a 59 encontrarás algunos de los Grandes Escapes.

Poder equitativo

—————

Miguel y Diego viven en el mismo edificio de departamentos. A menudo juegan juntos. Se llevan bastante bien... siempre y cuando Miguel haga lo que Diego quiere. Si no lo hace, Diego amenaza con irse a casa. Cuando lo hace, Miguel se siente impotente. No quiere que su amigo se vaya. Y cede.

—————

Diego tiene todo el poder en esta relación y lo utiliza para salirse con la suya. Pero hay algo que Miguel puede hacer para defenderse. La próxima vez que Diego amenace con irse a casa, puede sonreír y decirle: "¡Nos vemos más tarde!".

Esto realmente sorprenderá a Diego. Quizá se vaya sin preocuparle nada. Pero quizá se quede. Miguel sólo tendrá que esperar y averiguarlo.

Al *no* ceder ante Diego, Miguel recuperará parte del poder que Diego tenía en su totalidad. Los dos niños tendrán ahora un poder equitativo.

—————

Julieta y Carla son amigas. Les gusta jugar juntas. Pero algunas veces Julieta promete ir a casa de Carla y no lo hace. Carla espera y espera; finalmente, llama a Julieta por teléfono y ésta inventa excusas, como: "Lo siento, lo olvidé", o "Decidí quedarme en casa", o "Llegó Ana María y me quedé a jugar con ella".

Cuando esto sucede, Carla se siente impotente. Sigue esperando que Julieta cumpla sus promesas.

Se siente herida, avergonzada y enojada cuando su supuesta amiga no lo hace.

━━━━━
━━━━━

Julieta tiene todo el poder en esta relación. Carla no puede cambiar la conducta de Julieta, pero puede defenderse. Éstas son algunas cosas que puede intentar:

- Hacer más amigas. Así no dependerá tanto de Julieta.
- Ir a casa de Julieta en lugar de llamarle por teléfono. Quizá su amiga quiera jugar con ella; quizá no. Carla tendrá que esperar para ver qué sucede.
- Dejar de esperar que Julieta cumpla sus promesas. Es natural que esperemos que nuestros amigos cumplan sus promesas. ¡Pero Julieta no ha cumplido muchas! Por ello, la expectativa de Carla no es realista.

Al *no* esperar que Julieta cumpla sus promesas, Carla recuperará parte del poder que Julieta tenía en su totalidad. Las dos niñas tendrán un poder equitativo.

El poder en tu vida

Aunque seas "sólo un niño" ¡eres una persona poderosa! Simplemente piensa en las cosas que puedes hacer:

- Ser responsable de tu conducta y tus sentimientos. Nadie puede obligarte a hacer cosas que sabes que no debes hacer. Nadie puede hacerte sentir enojado o triste, temeroso o avergonzado.
- Aprender a elegir sobre tu conducta y tus sentimientos. Decidir ser el tipo de persona con quien otros

pueden contar. Elegir sentirte bien contigo mismo. Aprender a tomar decisiones inteligentes y a tener expectativas realistas.

ELECCIÓN = PODER

- Puedes expresar y hacer valer lo que sientes. Decir a los demás cómo te sientes. Defender tus sentimientos.
- Puedes expresar y hacer valer lo que sueñas. Decidir qué es más importante para ti. Defender tus sueños futuros y trabajar para hacerlos realidad.
- Puedes expresar y hacer valer lo que necesitas. Entender tus necesidades. Defenderlas y trabajar para satisfacerlas.
- Puedes realizar un Gran Escape cuando tus sentimientos se vuelvan demasiado fuertes para manejarlos. Desprenderte de tus sentimientos y dejarlos ir.
- Puedes obtener poder en tus relaciones con otras personas.

• Tomar decisiones para no sentirte impotente. Intentar obtener un poder equitativo en tus relaciones.

Todas estas cosas, juntas, forman el poder personal, el cual puedes utilizar en todas las facetas de tu vida. Puedes sentirte seguro y confiado interiormente sin importar quién seas, con quién estés o qué hagas. Con el poder personal, ¡verdaderamente serás capaz de hacerte cargo de tu propia vida!

CÓMO VIVIR FELIZ POR SIEMPRE

Esto es lo que normalmente sucede en los cuentos de hadas: un hombre sin poder y sin dinero resulta ser un rey, se casa con una princesa y viven felices por siempre. O una mujer pobre e insignificante recibe la atención de un príncipe, se casa con él, y ambos viven felices por siempre.

Sería maravilloso que así resultaran las cosas en la vida real. Pero desgraciadamente eso no sucede. De hecho, no existe tal cosa como "vivir felices por siempre".

Tú debes ser responsable de tu propia felicidad. Otras personas pueden interesarse por tu felicidad, pero nadie puede hacerte feliz. Sólo tú puedes elegir cómo enfrentar la

vida y cómo sentirte contigo mismo. Y ni siquiera tú puedes hacerte feliz todo el tiempo.

Vivimos en una sociedad en la que se nos dice que debemos esperar la felicidad. Si no somos felices, debe haber algo mal en nosotros. Pero ésta no es una expectativa realista. La vida real está llena de sorpresas. Tendrás días buenos y malos. Algunas veces te sentirás feliz y otras triste.

Lo que puedes hacer es aprender a *coleccionar* y *almacenar* aquellos momentos llenos de felicidad para tener siempre una provisión. Hay una forma de hacer que esto funcione con *todos* aquellos que lo intentan.

Elabora tu "lista feliz"

Algunas personas almacenan buenos sentimientos en su interior y desechan los malos. Otros hacen justo lo contrario. ¿Qué tipo de persona eres tú? Ésta es una forma de averiguarlo:

Ahora mismo, escribe cinco cosas que te sucedieron el día de ayer. Deben ser las primeras cinco cosas que te vengan a la mente.

Cuando termines de escribir, lee tu lista. ¿Recordaste cinco cosas buenas, cinco cosas malas o de las dos?

Puedes elegir qué cosas recordar. Puedes aprender a recordar los sentimientos buenos y desechar los malos. Ésta es la forma:

Ahora mismo, escribe cinco cosas que te sucedieron el día de hoy que te hicieron sentir bien.

No tienen que ser cosas grandiosas. Si esperas obtener sólo calificaciones de Excelente o ganar millones de pesos,

¡quizá nunca puedas escribir! Sería más recomendable que pensaras en las pequeñas cosas que usualmente no tomas en cuenta y que te provocan una sonrisa.

¿Brilló el sol hoy? ¿Te felicitó tu maestra? ¿Acariciaste a un animalito? ¿Resultaron cómodos tus zapatos nuevos? ¿Te prestó un amigo su juguete favorito? Todas estas cosas pueden entrar en tu "lista feliz".

Haz esto TODOS LOS DÍAS. Durante la semana y el fin de semana. En temporada escolar o vacaciones.

Puedes hacerlo antes de ir a la cama. O puedes llevar un cuaderno contigo y hacerlo a lo largo del día. ¡Como un diario personal!

No siempre será fácil recordar cosas buenas. Habrá días en los que verdaderamente tendrás que hacer un esfuerzo. Pero no te dés por vencido. ¡Puedes lograrlo!

¿Por qué es tan importante elaborar una "lista feliz" cada día? Hay cinco razones (tal vez más):

1. Eleva tu *poder personal*.
2. Te enseña que *tú eres responsable* de tu propia felicidad.
3. Te enseña que *tú puedes elegir* cómo experimentar tu vida.
4. Te enseña a buscar cosas que *crean* felicidad.
5. Te enseña la manera de *coleccionar y almacenar* buenos sentimientos.

Piensa en tu lista como si fuera una cuenta de ahorros de felicidad. La próxima vez que te sientas triste o deprimido, enojado o temeroso, puedes acudir a tu "cuenta de ahorros", sacar un sentimiento bueno y verdaderamente experimentarlo de nuevo. Esto desviará tu atención de tu sentimiento malo.

CÓMO APROVECHAR AL MÁXIMO TU LISTA FELIZ

- Hazla con uno de tus padres o junto con toda la familia. ¡Es un buen hábito para todos!

- Conserva tu Lista Feliz en un cuaderno o carpeta especial. Decora este cuaderno en la forma que elijas.

- De vez en cuando, lee tus Listas felices y disfruta nuevamente tus buenos sentimientos.

- En ocasiones, revisa tus Listas felices y elige algo que quieras experimentar de nuevo. Por ejemplo, si escribiste: "Salí a dar un paseo con mamá", invítala a pasear nuevamente contigo. Si escribiste: "Vi la puesta de sol", obsérvala de nuevo.

Due
Coming
back of
Vacation

Mon

Fri — ✱ Bio- Wildplace # 12 w/ pic, due Nxt Fri

✱ Dance - Project ; small poster

Mon: ✱ Math - Cat 6 Packet, Ch.11 Notebooks
12-1 "Prisms"

ENG - Final essay Paper & revise
due ~~April~~ April

APRENDE A ACEPTARTE

¡Un extraterrestre acaba de aterrizar en el patio de tu casa! Pero en lugar de decirte: "Llévame con tu líder", saca una pistola de rayo láser y te apunta con ella.

Después, el extraterrestre te dice: "¡Uf! ¡Un humano! No me gustan los humanos. Los humanos hacen mucho ruido. Son desordenados. ¡Los humanos son derrochadores! No puedo pensar en una sola cosa buena que tengan".

De repente la pistola láser zumba. El extraterrestre se detiene a pensar por un momento. Después te dice: "Generalmente reduzco a los humanos a moléculas. Pero te voy a dar la oportunidad de que me convenzas de no hacerlo".

"Tienes un minuto para decirme cinco cosas buenas de ti. Entonces quizá, sólo quizá, no te convierta en moléculas."

Soy dulce y buena
bonita y intelligente
soy responsable y buena amiga
tengo a mis familiares y amigos

La pistola láser desciende. El extraterrestre espera. ¿Qué le dirás?????

━━━━━━

¿Puedes pensar en cinco cosas buenas de ti? ¿Cinco cosas que realmente te agraden?

¿Tienes suficiente autoestima?

Para defenderte, necesitas poder personal y autoestima. *Necesitas creer que vale la pena defenderte.*

¿Cómo calificarías TU autoestima?

Escucha tus voces internas: una prueba de autoestima

Instrucciones

Por cada pregunta, escoge la respuesta que más se aproxime a la forma en que hablas, piensas y te sientes interiormente.

1. Cuando te levantas por la mañana y te ves al espejo, ¿qué dices?

   a. "¡Te ves sensacional esta mañana! Y vas a tener un día grandioso."

   b. "¡Oh, no, no tú otra vez! ¿Por qué te molestas en levantarte?"

2. Cuando fracasas en algo o cometes un gran error, ¿qué te dices?

   a. "Todos tenemos derecho a fracasar o cometer errores cada día."

   b. "¡Lo estropeaste de nuevo! No puedes hacer *nada* bien. Deberías haberlo sabido."

3. Cuando tienes éxito en algo, ¿qué te dices?

   a. "¡Felicidades! Deberías estar orgulloso de ti mismo."

   b. "Lo hubieras hecho mejor, si te hubieras esforzado más."

4. Acabas de hablar con alguien que tiene poder de posición sobre ti (como tu padre, un maestro o un entrenador). ¿Cuál es tu opinión?

   a. "Lo manejaste bastante bien."

   b. "¡Actuaste tan mal! *Siempre* dices tonterías."

5. Acabas de salir de tu primera junta de un club al que ingresaste. ¿Cómo te sientes?

   a. "Estuvo divertida. Conociste a algunas personas que te cayeron bien. Incluso se rieron de las bromas que hiciste."

   b. "Hablaste demasiado y no le caíste bien a nadie. Tus bromas fueron muy tontas."

6. Acabas de salir de la casa de un amigo con quien estuviste jugando. ¿Qué te dices?

   a. "Qué divertido. ¡Verdaderamente le caes bien a tu amigo!"

   b. "Tu amigo sólo fingía que le agradabas. Probablemente nunca te invite de nuevo."

7. Cuando alguien te hace un cumplido o te dice: "Me caes bien", ¿cómo te sientes?
   a. "¡Te lo mereces!"
   b. "Nadie te hace un cumplido a menos que quieran algo a cambio. Además, tú no lo mereces."

8. Cuando alguien que te interesa te queda mal, ¿qué te dices?
   a. "Hirieron tus sentimientos, pero te recuperarás. Después podrás averiguar qué sucedió."
   b. "Esto prueba que esa persona no se interesa en ti."

9. Cuando quedas mal con alguien que te interesa, ¿qué opinas de ti?
   a. "No es agradable ni divertido, pero algunas veces las personas nos fallamos mutuamente. Admite lo que hiciste y continúa tu vida."
   b. "¿Cómo pudiste hacer algo tan terrible? Deberías avergonzarte de ti mismo."

10. Cuando te sientes necesitado o inseguro, ¿qué te dices?
   a. "Todos nos sentimos así algunas veces. Busca un abrazo de tu mamá, o envuélvete en las cobijas, y pronto te sentirás mejor."
   b. "¡Crece! No seas tan infantil. ¡Es tan desagradable!"

Calificación

Asigna 10 puntos a cada respuesta (a) y 5 a cada respuesta (b).

Después utiliza esta clave para llegar a tu calificación de autoestima.

Clave

90-100	Tu autoestima es ALTA Y ACEPTABLE. (De cualquier forma, lee el resto del libro.)
75-90	Tu autoestima PODRÍA MEJORAR. Te diremos cómo aumentarla.
60-75	Tu autoestima es BAJA. Pero ahora ya lo sabes y puedes elegir cambiar.
50-60	Tu autoestima es POLVO. El extraterrestre acaba de reducirte a moléculas. Por fortuna existe un Pegamento Molecular que puedes usar, llamado *lista de cosas hechas por mí.*

Lista de cosas hechas por mí

Esta lista es similar a la Lista Feliz descrita en las páginas 74 a 76. Pero en lugar de escribir cosas que sucedieron, escribe cosas que hiciste.

Ahora mismo, escribe cinco cosas que hayas hecho el día de ayer.

Cuando termines de escribir, lee tu lista. ¿Recordaste cinco éxitos, cinco fracasos, o de los dos?

Para tu lista de Cosas Hechas por Mí tú puedes elegir qué cosas recordar. Escoge cosas de las que te sientas *orgulloso.* Como actividades en las que hayas participado. Problemas que hayas resuelto. Éxitos que tuviste. Logros de cualquier tipo. Y cualquier cosa por la que te sientas bien y satisfecho.

Ahora mismo, escribe cinco cosas que hayas hecho el día de hoy de las que te sientas orgulloso.

Al principio puede resultarte difícil pensar al menos en una. ¡Sigue intentándolo! No tienen que ser Grandes Éxitos. No es necesario ganar el Premio Nobel ni escalar el Everest. Y menos tienes que ser un héroe o una estrella.

Encontrarás que haces cosas grandiosas cuando eres simplemente tú mismo. Tu lista puede incluir cosas como éstas:

1. Hice mi cama sin que me lo dijeran.
2. Llegué a tiempo a la escuela.
3. Contesté bien 8 de las 10 preguntas de la prueba de matemáticas.
4. Cuando se escapó de su jaula nuestro hamster, ayudé a encontrarlo.
5. Puse la mesa para la cena.

Haz esto TODOS LOS DÍAS. Durante la semana y en los fines de semana. En la época de clases y en vacaciones.

¿Por qué es bueno llevar una Lista de cosas hechas por mí? Porque te ayuda a defenderte *ante ti mismo*. En ocasiones puedes olvidar que eres valioso; esta lista te lo recuerda y te da sentimientos de orgullo cada día.

Piensa en tu lista como en una "cuenta de ahorros de autoestima". Úsala en forma similar que tu "cuenta de ahorros de felicidad".

Si deseas más sugerencias sobre qué hacer con ella, revisa la sección "Cómo aprovechar al máximo tu lista feliz", de la página 76. Puedes usar las misma ideas para esta lista.

LO RECOMENDABLE Y NO RECOMENDABLE PARA LA AUTOESTIMA

SÍ = *Adquiere el hábito del sentimiento y pensamiento positivos.*

Cuando tengas un pensamiento negativo o crítico sobre ti mismo, cámbialo a uno positivo. Cuando tus voces internas te digan algo desagradable, ¡contéstales!

CAMBIA ESTO...	POR ESTO...
No puedo hacer nada bien.	Puedo encender una buena fogata en el campamento.
Nadie quiere ser mi amigo.	Puedo conseguir un amigo.
¡Soy tan tonto algunas veces!	Sé mucho sobre aviones.
¿Y si a nadie le gusta mi proyecto de ciencias?	Estoy orgulloso de mi proyecto de ciencias.

Necesitarás tiempo antes de que esto se convierta en algo natural. Algunos adultos pueden requerir un año o más. Nosotros creemos que los niños aprenden más rápido que los adultos, así que no te preocupes por el tiempo.

NO = *No te preocupes tanto por lo que otras personas piensen de ti.* Mejor, ¡decide qué es lo que tú piensas de ellos!

A la mayoría de nosotros nos causa angustia conocer a algunas personas. Nos preguntamos: "¿Qué pensarán de mí? ¿Les caeré bien? ¿Pensarán que soy tonto? ¿Pensarán que soy aburrido?" Este tipo de pensamiento aumenta nuestra angustia. Nos hace sentir impotencia, timidez y vergüenza.

Tú puedes elegir cambiar por completo tu manera de pensar. Puedes preguntarte: "¿Qué pensaré yo de ellos? ¿Me caerán bien? ¿Serán interesantes?". Entonces tendrás un poder equitativo y no sentirás vergüenza.

SÍ = *Continúa siendo tú mismo.*

Recuerda que quien tú eres es suficiente. Siente alegría y orgullo por ser la persona que eres.

NO = *Nunca cuestiones tu valor básico como ser humano.*

Todo ser humano es valioso. ¡Y eso te incluye a ti!

SÍ = *Trátate como a una persona valiosa.*

Alábate mucho, no sólo por las cosas que haces, sino por ser quien eres y la forma en que vives tu vida.

NO = *No te culpes a ti mismo cuando las cosas vayan mal.*

Y NO aceptes nunca una culpa que otros quieran achacarte, ni siquiera los adultos.

Recuerda que tú eres responsable de *tu propia* conducta y de *tus propios* sentimientos. No es "tu culpa" que tu mamá se enoje. No es "tu culpa" que tu equipo de sóftbol pierda el juego.

SÍ = *Espera cometer errores.*

Creemos que todo ser humano tiene el derecho de cometer CUATRO GRANDES ERRORES cada día. ¡Y eso te incluye a ti!

NO = *No te compares con otras personas.*

Éste es un hábito casi imposible de romper. En nuestra sociedad, normalmente se nos enseña a comparar. Los padres comparan a sus hijos. Los maestros comparan a sus alumnos.

Recuerda que tú eres diferente y especial. Eres único y no hay nadie en el mundo exactamente igual a ti.

SÍ = *Date permiso de fracasar.*

El solo hecho de que fracases en algo no quiere decir que *tú* seas un fracasado. Todos fracasamos en un momento dado. Nadie es perfecto.

SÍ = *Escribe Listas felices y Listas de cosas hechas por mí todos los días.*

Verdaderamente te ayudarán a coleccionar y almacenar buenos sentimientos y autoestima.

Proponte hacer seis cosas buenas

1. Elige hacer algo, *sólo para divertirte*. Después, hazlo siempre que puedas.

   Ve a nadar, a jugar, construye modelos a escala. Pinta cuadros, juega baloncesto, dibuja caricaturas. Escribe historias, actúa como payaso, aprende a usar una computadora. Y olvida el viejo adagio: "Cualquier cosa que vale la pena hacer, vale la pena hacerla bien". Nunca intentes ser perfecto. Tampoco ser un experto en todo. Deja algunas cosas sólo para divertirte.

2. Date un "regalo" todos los días.

   Puede ser casi cualquier cosa, siempre y cuando sea sólo para ti. Escucha tu canción favorita. Toma un baño de burbujas. Construye torres con fichas de dominó. Aprende a hacer bromas.

3. Perdónate por algo que hayas hecho en el pasado.

   Todos hemos hecho cosas que quisiéramos no haber hecho. Como haber herido los sentimientos de alguien. Pero esto no debe hacernos sentir tristes, culpables o avergonzados por siempre.

   Elige algo que hayas hecho en el pasado. Recuérdalo por última vez. Piensa en todo lo sucedido. ¿Cuáles fueron las consecuencias? ¿Te castigaron? Ahora cierra los ojos, date un abrazo y di: "Me perdono".

4. Haz al menos una cosa cada día que le haga bien a tu cuerpo.

Camina o haz ejercicios abdominales. Come verduras o frutas frescas. Lávate el cabello. Limpia tu dentadura con hilo dental.

5. Haz al menos una cosa diariamente que le haga bien a tu cerebro.

Resuelve un crucigrama o un ejercicio mental. Lee un libro. Memoriza parte de un poema. Escucha un concierto por la radio. Mira un libro de arte.

6. Encuentra un adulto en quien puedas confiar y habla con él.

Ser niño es atemorizante algunas veces. Un adulto puede ayudarte a enfrentar tus temores. Ser niño confunde en ocasiones. Un adulto puede ayudarte a encontrar tus respuestas. Quizá no todas, pero al menos sí una parte.

Deja que tus sentimientos te guíen a la persona adecuada. Escoge a alguien con quien te sientas seguro. Alguien que se interese lo suficiente como para escuchar y que intente comprender cómo te sientes. Ésta es una de las mejores cosas que puedes hacer.

REGRESEMOS AL PRINCIPIO: CÓMO PUEDEN DEFENDERSE PEDRO, TERESA Y SAÚL

¿Recuerdas a Pedro, Teresa y Saúl? Pedro era objeto de burlas en la escuela. Los padres de Teresa la culpaban de todo. El encargado de la sala de estudios de Saúl no era justo. Puedes leer sus historias de nuevo en las páginas *ix* y *x*.

Imagina que Pedro, Teresa y Saúl ya conocen las ideas que has estado aprendiendo en este libro. Saben sobre el poder personal y la autoestima. Saben cómo defenderse. Ésta es la forma en que pueden continuar sus historias.

———

Los niños se burlan de Pedro nuevamente. Pero ahora, él los mira directamente a los ojos y les dice: "Aunque así lo crean, yo no. Y mi opinión es la única que cuenta. Me conozco mucho mejor que ustedes a mí." Pedro ya sabe que no debe dar a nadie más el poder de determinar cómo sentirse consigo mismo.

———

Cuando los padres de Teresa la culpan por algo, ella los mira directamente a los ojos y les dice: "Hago lo mejor que puedo. No soy perfecta". Después les pregunta si alguna vez fueron culpados de algo por sus padres. También, cómo se sintieron cuando les sucedió eso. Teresa los escucha y después les dice: "Así me siento yo cuando ustedes me culpan de algo".

Saúl regresa a la escuela el día siguiente y pide hablar en privado con el encargado de la sala de estudio. Comienza diciendo, "Admito haber roto la regla de no hablar. Pero, ¿puede escuchar mi versión de la historia?". Entonces, tranquilamente explica que Raymundo lo pateó. Pregunta si puede sentarse en otra parte, lejos de él.

Antes de irse, Saúl hace otra pregunta a su maestro: "Si sucede lo mismo de nuevo, ¿qué puedo hacer para no romper la regla?" Saúl se siente más fuerte porque ya sabe cómo defenderse.

Cuando tienes poder personal, te sientes confiado y puedes tomar decisiones. En el caso de la autoestima, valoras la persona que eres, sin importar nada más.

El poder personal y la autoestima son habilidades que puedes aprender, como la lectura, la escritura y las matemáticas. Porque las has aprendido, puedes ser como Pedro, Teresa y Saúl. ¡Puedes defenderte, a partir del día de hoy!

ÍNDICE DE MATERIAS

Los autores

Gershen Kaufman estudió en la Universidad de Columbia y recibió el doctorado en Psicología Clínica de la Universidad de Rochester. Actualmente es profesor en el *Counseling Center* de la Universidad del Estado de Michigan. También es autor de *Shame: The Power of Caring* (Cambridge, Massachusetts; Schenkman Books, Inc., 1985) y *The Psychology of Shame: Theory and Treatment of Shame-Based Syndromes* (Nueva York Springer Publishing Co., 1989). Es coautor con Lev Raphael de *Dynamics of Power: Building a Competent Self* (Cambridge, Massachusetts: Schenkman Books, Inc., 1983).

Lev Raphael estudió en la Universidad Fordham y recibió su título en Escritura Creativa de la Universidad de Massachusetts en Amherst. Tiene un doctorado en Estudios Americanos de la Universidad del Estado de Michigan, en la que ha impartido cátedra como profesor asistente de Idioma y Pensamiento Americanos. Premiado como escritor, ha publicado más de una docena de historias cortas en revistas incluyendo *Redbook, Comentary y Midstream*. Con Gershen Kaufman desarrolló e impartió el programa *"Psychological Health and Self-Esteem"*, en el cual se basan *Dynamics of Power: Building a Competent Self* y este libro.

DESARROLLA TU PODER
PERSONAL
SEXTA EDICIÓN
OCTUBRE 10, 2000
IMPRESIÓN Y ENCUADERNACIÓN:
QUEBECOR IMPREANDES
SANTA FE DE BOGOTÁ
COLOMBIA